300 Q&As on SSE STAR Market

科创板 300问

《科创板300问》编写组 ◎ 编

中国金融出版社

责任编辑：亓　霞
责任校对：李俊英
责任印制：张也男

图书在版编目(CIP)数据

科创板300问 /《科创板300问》编写组编. — 北京：中国金融出版社，2020.7

ISBN 978-7-5220-0300-9

Ⅰ.①科… Ⅱ.①科… Ⅲ.①科创板市场 — 上市公司 — 中国 — 问题解答 Ⅳ.① F279.246-44

中国版本图书馆CIP数据核字 (2019) 第221206号

科创板300问
KECHUANGBAN 300 WEN

出版 中国金融出版社
发行

社址　北京市丰台区益泽路2号
市场开发部　(010) 66024766，63805472，63439533 (传真)
网 上 书 店　http://www.chinafph.com
　　　　　　(010) 66024766，63372837 (传真)
读者服务部　(010) 66070833，62568380
邮编　100071
经销　新华书店
印刷　保利达印务有限公司
尺寸　169毫米×239毫米
印张　15.5
字数　152千
版次　2020年7月第1版
印次　2020年7月第1次印刷
定价　60.00元
ISBN 978-7-5220-0300-9
如出现印装错误本社负责调换　联系电话 (010) 63263947

编写说明

2018年11月5日，习近平总书记在首届中国国际进口博览会开幕式上宣布，在上海证券交易所设立科创板并试点注册制。2019年1月28日，经党中央、国务院同意，中国证监会发布《关于在上海证券交易所设立科创板并试点注册制的实施意见》。此后，科创板各主要制度规则陆续发布，逐步形成由法规、规范性文件、业务规则、指引等构成的制度体系。

为帮助广大投资者和证券从业人员更好地了解设立科创板并试点注册制的具体政策，本书以问答形式，对设立科创板并试点注册制的主要制度规则做了解读。

本书编写组
2020年7月

本书编写组

组　　长：易会满

副组长：李　超　方星海　黄红元　焦津洪

成　　员：（以下按姓氏笔画排序）

王宗成　李继尊　沙　雁　张　野
赵　敏　姚　前　贾文勤　殷荣彦
蒋　锋　程合红　游广斌　蔡建春
戴文华

目　录

一、科创板的定位

001. 设立科创板有哪些考虑？　　1
002. 科创板的定位是什么？　　2
003. 哪些企业可以申请到科创板上市？　　2
004. 科创板在哪些方面体现了对科创企业的包容性？　　3
005. 科创企业为什么要选择到科创板上市？　　4

二、注册制试点

006. 如何理解科创板注册制？　　6
007. 试点注册制与核准制有什么区别？　　8
008. 如何理解证监会与上交所在科创板实施注册审核中的职能定位？　　10
009. 证监会如何监督上交所的审核工作？　　11
010. 科创板发行上市审核需要多长时间？　　12
011. 科创板对发行人、中介机构、投资者分别提出了什么要求？　　13
012. 科创板如何体现以信息披露为中心的理念？　　13
013. 注册制如何防止企业一窝蜂上市？　　14

三、科创板股票发行上市条件

014. 企业在科创板首次公开发行应具备哪些发行条件? ... 15
015. 企业在科创板上市需要符合哪些条件? ... 17
016. 红筹企业在科创板上市需要符合哪些条件? ... 18
017. 已在境外上市的红筹企业申请境内发行股票或存托凭证在市值方面应符合哪些条件? ... 19
018. 上交所在吸引优质科创类红筹企业登陆科创板做了哪些针对性安排? ... 19
019. 什么是差异表决权安排? ... 20
020. 存在差异表决权安排的企业可以在科创板上市吗? ... 20
021. 存在差异表决权安排的企业在科创板上市需要符合什么条件? ... 21
022. 如何理解科创板关于特殊股权结构企业上市的制度安排? ... 21
023. 尚未盈利或存在未弥补亏损的企业可以在科创板发行上市吗? ... 22
024. 上市公司分拆子公司可以在科创板上市吗? ... 23
025. 企业在科创板上市各方应履行哪些信息披露义务? ... 23
026. 保荐机构应重点推荐哪些领域的企业到科创板上市? ... 24
027. 保荐机构在评估和推荐科创企业时应重点关注哪些事项? ... 25
028. 科创属性评价指标体系的常规指标有哪些? ... 26
029. 科创属性评价指标体系的例外条款有哪些? ... 27
030. 初创期、成长期的企业能否在科创板发行上市? ... 27
031. 如何理解科创板的包容性? ... 28
032. 什么是预计市值指标? ... 29
033. 科创板上市辅导的程序和内容与其他板块有无不同? ... 29

034.企业申请在科创板发行上市需要提交哪些文件？　　30
035.科创板发行上市招股说明书主要包括哪些信息？　　30
036.科创企业上市后变更主营业务须披露哪些内容？　　31
037.科创板对发行人募集资金使用有何要求？　　31

四、科创板股票发行上市审核和注册

（一）审核和注册流程

038.科创板发行上市审核有哪些步骤？　　32
039.证监会注册程序包括哪些具体环节？　　33
040.科创板发行上市审核有哪些特点？　　33
041.科创板上市申请不予受理的情形有哪些？　　35
042.科创板为何要设立科技创新咨询委员会？　　35
043.科创板为何要设立自律委员会？　　36
044.科创板为何要设立上市委员会？　　36
045.上市委员会的审议流程是怎样的？　　36
046.什么是上市委员会的回避制度？　　37
047.上交所发行上市审核机构提出多轮问询的情形有哪些？　　38
048.什么是审核静默期制度？　　39
049.在什么情况下要对科创板拟上市企业进行现场检查？　　39
050.哪些情形下发行人可以申请复审？　　39
051.中止发行上市审核程序或发行注册程序的情形有哪些？　　40
052.终止发行上市审核程序或发行注册程序的情形有哪些？　　41

3

053. 什么是会后事项? ... 42
054. 未通过审核或注册程序的企业何时可以再次报送申请材料? ... 43
055. 科创板预披露的要求是什么? ... 43
056. 具有差异表决权安排的科创板公司如何进行信息披露? ... 45
057. 企业在科创板上市过程中遇到问题时如何咨询监管机构? ... 45

（二）上交所发行上市审核

058. 科创板的多元化上市标准有哪些? ... 46
059. 企业选择适用某一上市标准后还能申请变更吗? ... 47
060. 尚未盈利或存在累计未弥补亏损情形的企业应披露哪些信息? ... 47
061. 如何理解科创板发行禁止性条件中的"重大违法行为"? ... 49
062. 如何理解科创板发行禁止性条件中的"重大不利影响"? ... 49
063. 对控股股东、实际控制人位于国际避税区且持股层次复杂的科创板拟上市企业的核查有什么要求? ... 50
064. 如何理解科创板发行条件中的"最近2年内董事、高级管理人员及核心技术人员均没有发生重大不利变化"? ... 51
065. 科创板上市财务指标中的"研发投入"如何认定? ... 52
066. 科创板对企业研发有哪些内控及信息披露要求? ... 52
067. 中介机构应如何核查科创板公司的研发情况? ... 52
068. 科创板对企业的市值指标有哪些要求? ... 53
069. 上市审核中如何把握发行人是否符合科创板定位? ... 54
070. 如何核查发行人"主要依靠核心技术开展生产经营"? ... 55
071. 对首发申报前已经实施员工持股计划的公司上市有什么要求? ... 56

目录

072. 什么是员工持股计划穿透计算的"闭环原则"？有什么信息披露和核查需求？ ... 57

073. 首发申报前已制定期权激励计划并准备在上市后实施的企业应符合什么要求？ ... 58

074. 对首发申报前已制定期权激励计划并准备在上市后实施的企业有什么信息披露和核查要求？ ... 59

075. 对变更为股份有限公司时存在累计未弥补亏损的企业有什么信息披露和核查要求？ ... 60

076. 对存在研发支出资本化情形的企业有什么会计处理要求？ ... 61

077. 对存在研发支出资本化情形的企业有什么信息披露和核查要求？ ... 62

078. 科研项目涉及政府补助的拟发行企业需要符合哪些特殊要求？ ... 63

079. 提交信息豁免披露申请的内容和要求是什么？ ... 64

080. 对历史上存在工会、职工持股会持股或自然人股东人数较多等情形的企业有什么规范要求？ ... 66

081. 发行人申报前后新增的股东须遵守哪些信息披露和股份锁定要求？ ... 67

082. 对历史上存在出资瑕疵或者改制瑕疵的发行人应重点核查哪些内容？ ... 68

083. 对部分资产来自上市公司的发行人保荐机构和发行人律师应关注哪些核查要点？ ... 69

084. 如何认定实际控制人？ ... 70

085. 对没有或难以认定实际控制人的发行人股东所持股票有哪些锁定要求？ ... 73

5

086. 对发行人租赁或授权使用控股股东、实际控制人的房产、专利技术等情况如何进行核查? 74

087. 对经营中与控股股东、实际控制人或董事、监事、高级管理人员及其亲属存在相关共同投资行为的发行人如何进行信息披露及核查? 74

088. 对存在"三类股东"的发行人如何进行信息披露及核查? 75

089. 如何把握投资机构与发行人约定对赌协议的情形? 76

090. 如何认定合并各方在同一控制下? 77

091. 对存在协议控制或类似特殊安排的红筹企业如何披露合并报表信息及核查? 78

092. 对客户集中度较高的发行人应重点核查哪些内容? 79

093. 影响发行人持续经营能力的重要情形有哪些? 81

094. 如何规范和核查报告期内发行人存在的财务内控不规范情形? 82

095. 什么是第三方回款? 84

096. 如何核查发行人是否符合第三方回款的要求? 85

097. 报告期内存在会计政策、会计估计变更或会计差错更正情形的发行人应遵守哪些要求? 87

098. 发行人在什么情况下需做股份支付会计处理? 89

099. 保荐人报送保荐工作底稿和验证版招股说明书有何要求? 90

五、科创板股票发行承销定价

(一)新股发行

100. 科创板首次公开发行股票如何定价? 91

101. 科创板如何提高发行定价的合理性？ 92

102. 科创板新股上市后是否有价格稳定机制？ 93

103. 发行人与主承销商何时可以启动发行工作？ 93

104. 发行人和主承销商在什么情况下应当发布投资风险特别公告？ 94

105. 发行人股东持有的首发前股份如何托管？ 95

106. 如何计算预计发行后总市值？ 95

107. 预计发行后总市值与申报时市值评估结果存在重大差异该怎么办？ 95

108. 询价后市值低于发行人在招股说明书中明确选择的市值标准该怎么办？ 95

109. 什么情况会导致中止发行？ 96

110. 科创板首发中止发行后重新启动发行的条件和程序是什么？ 97

（二）路演推介

111. 什么是路演？ 97

112. 发行人和主承销商何时可以组织网上、网下路演？ 97

113. 路演推介前和推介过程中都有哪些要求？ 97

114. 科创板路演过程中有哪些注意事项？ 99

115. 投资价值研究报告应包括哪些主要内容？ 100

116. 主承销商向投资者提供投资价值研究报告有哪些禁止性规定？ 102

117. 如何保证投资价值分析报告的质量和独立性？ 102

118. 如何对拟在科创板上市的科创企业进行估值？ 103

（三）网下配售

119. 什么是新股配售？　　　　　　　　　　　　　　　104

120. 网上、网下投资者如何参与申购科创板新股？　　104

121. 投资者能否同时参与网上申购和网下配售？　　　105

122. 私募基金管理人注册为科创板首发股票网下投资者需要符合哪些条件？　　　　　　　　　　　　　　　　　　105

123. 科创板对于投资者参与网下询价申购是否有市值要求？　106

124. 承销商需要对网下投资者进行哪些核查？　　　　107

125. 参与询价的网下投资者如何报价？　　　　　　　108

126. 网下投资者报价是否越高越好？　　　　　　　　109

127. 网下投资者报价后，发行人和主承销商如何确定发行价格？　109

128. 什么是有效报价和有效报价投资者？　　　　　　110

129. 科创板新股初始网上、网下发行的比例如何设置？　110

130. 什么是回拨机制？　　　　　　　　　　　　　　111

131. 科创板新股网上、网下发行的回拨机制是怎样的？　111

132. 科创板如何对网下投资者进行分类配售？　　　　112

133. 网下投资者参与询价和申购有哪些禁止性行为？　113

134. 网下投资者在参与询价和申购中发生禁止性行为有什么后果？　　　　　　　　　　　　　　　　　　　114

（四）新股申购

135. 投资者如何获取科创板公司发行上市的信息？　　115

136. 个人投资者参与科创板网上新股申购需满足什么条件？　116

137. 网上申购条件里的市值如何计算？ 116

138. 科创板网上新股申购可以是信用申购吗？ 117

139. 科创板网上投资者申购数量的上下限各是多少？ 117

140. 不同类别的投资者参与科创板股票网上申购是否有不同的申购上限？ 118

141. 每一个中签号可以认购多少科创板新股？ 118

142. 个人投资者参与科创板新股申购需要注意哪些风险？ 118

143. 哪些投资者可以参加网下询价申购？ 119

144. 若有效报价网下投资者未参与申购或获得初步配售的网下投资者未及时足额缴纳认购款，将面临什么后果？ 119

145. 网上投资者中签后未及时缴款将面临什么后果？ 120

146. 网下投资者屡次出现故意抬高、压低价格等违规报价情形将面临什么后果？ 121

147. 网下投资者存在合谋报价、利益输送或谋取其他不当利益行为将面临什么后果？ 121

（五）战略配售

148. 科创板的战略配售制度有什么特点？ 122

149. 参与科创板发行人战略配售的投资者主要有哪些？ 123

150. 科创板公司IPO向战略投资者配售的比例如何确定？ 124

151. 战略投资者获得配售的股份上市后有无持有期限制？ 124

152. 主承销商对战略投资者配售资格的核查包括哪些内容？ 124

153. 参与战略配售的投资者需要在什么时候签署认购协议和缴纳认购资金？ 125

154. 采用战略配售主要需披露哪些信息？ 125

155. 战略投资者是否可以放弃认购？ 126

156. 战略投资者能否向证券金融公司借出获得配售的股票？ 126

（六）超额配售选择权

157. 什么是科创板的超额配售选择权？ 127

158. 科创板新股发行的超额配售选择权有什么特点？ 127

159. 主承销商如何行使超额配售选择权？ 127

160. 超额配售部分股票的登记、上市工作如何安排？ 128

161. 对于超额配售选择权有哪些信息披露要求？ 129

162. 若通过联合主承销商发行股票，超额配售选择权应该如何行使？ 129

六、科创板公司持续监管

（一）股份锁定和减持

163. 科创板公司控股股东、实际控制人应当遵守哪些股票锁定要求？ 130

164. 科创板战略配售股票的锁定期有多长？ 131

165. IPO前已发行的科创板公司股份如何锁定？ 131

166. 科创板公司股东持有的IPO前股份如何减持？ 132

167. 上市时未盈利公司的控股股东及实际控制人须遵守哪些减持要求？ 132

168. 上市时未盈利公司的董事、监事、高级管理人员和核心技术人员须遵守哪些减持要求？ 132

169. 科创板公司核心技术人员减持股份应遵守什么规定？ 133

170. 科创板公司核心技术人员离职后就不再受减持规定的约束了吗？ 133

171. 科创板公司因存在重大违法行为而触及退市标准时，其控股股东、实际控制人及董事、监事、高级管理人员能否减持股票？ 134

172. 科创板公司股东以询价转让方式减持所持有的首发前股份有哪些禁止性情形？ 134

173. 询价转让的受让方应满足什么要求？ 135

174. 询价转让的受让方减持股份有哪些要求？ 136

（二）再融资与并购重组

175. 科创板上市公司公开发行证券应当符合哪些规定？ 137

176. 科创板上市公司如何进行小额快速再融资？ 137

177. 科创板并购重组制度有何重要变化？ 138

178. 科创板公司并购重组由谁审核？ 138

179. 科创板为何要求上市公司重大资产重组与主营业务具有协同效应？ 138

（三）终止上市

180. 如何理解科创板严格实施退市制度？ 139

181. 科创板为什么取消了暂停上市程序？ 140

182. 科创板对退市整理期股票交易有什么特殊安排？ 140

183. 科创板公司强制终止上市的标准是什么? 140

184. 科创板公司退市制度与其他板块有什么差异? 141

185. 什么是欺诈发行? 141

186. 现行法律法规对欺诈发行企业及其保荐人有什么惩罚措施? 142

187. 如何从行政、刑事上严厉打击科创板欺诈发行行为? 143

188. 科创板为什么要规定责令购回制度? 145

(四) 股权激励

189. 科创板在优化股权激励制度方面有哪些新的制度安排? 146

190. 科创板公司的股权激励对象有哪些? 146

191. 科创板为什么放宽了限制性股票的价格限制? 147

192. 科创板为提高股权激励实施方式的便利性做了哪些安排? 147

193. 科创板如何规定实施股权激励的比例? 148

(五) 信息披露

194. 具有红筹架构,控股股东、实际控制人位于境外且持股层次复杂的科创板公司须遵守什么信息披露要求? 148

195. 科创板公司在持续督导期间应如何披露科研水平、科研人员数量、科研资金投入? 149

七、科创板股票交易制度

196. 科创板股票交易制度是如何设定的? 150

197. 如何理解科创板特有的交易制度安排? 151

目录

198. 如何应对科创板新股上市前 5 日可能出现的盘中价格波动过大情形？ 152

199. 科创板竞价交易接受哪几种方式的市价申报？ 152

200. 科创板股票交易市价申报与上交所其他板块有什么区别？ 153

201. 什么情形属于异常波动和严重异常波动？ 154

202. 为什么科创板每笔最低交易股票数量比主板高？ 155

203. 个人投资者参与科创板股票交易的方式有哪些？ 155

204. 科创板如何防范投机炒作？ 155

205. 科创板股票交易的申报时间是怎样规定的？ 156

206. 科创板股票能否参与融资融券？ 157

207. 科创板股票能否用于股票质押回购？ 157

208. 科创板实施做市商制度吗？ 158

209. 科创板的交易时间与上交所其他板块有何异同？ 158

210. 什么是盘后固定价格交易？ 159

211. 盘中停牌的股票能不能进行盘后固定价格交易？ 159

212. 盘后固定价格交易可接受交易参与人的哪些收盘定价申报指令？ 159

213. 科创板对收盘定价申报买卖股票有什么规定？ 160

214. 科创板盘后固定价格交易与大宗交易盘后固定价格申报有什么区别？ 160

215. 科创板有专门的指数吗？ 161

216. 科创板股票交易限价申报与上交所其他板块有何不同？ 161

217. 科创板对股票交易的信息披露有什么特殊安排？ 161

13

218. 科创板股票大宗交易与上交所其他板块有何异同？ 162

219. 科创板股票的交易税费有哪些？ 163

220. 如何防范科创板股价过大波动？ 163

221. 什么是科创板转融通证券出借业务？ 164

222. 通过约定申报和非约定申报方式参与科创板证券出借的证券类型分别有哪些？ 164

223. 科创板证券出借规则中对战略投资者有哪些规定？ 164

224. 科创板证券出借规则中如何规定出借期限和申报数量？ 165

225. 什么是科创板转融券业务？ 165

226. 科创板战略配售股票能否用于融券？ 166

227. 证券公司作为借入人参与科创板转融券业务需要具备什么条件？ 166

228. 科创板转融券业务的申报时间是如何规定的？ 167

229. 科创板转融券业务的费率如何确定？ 167

八、科创板投资者适当性管理及权益保护

（一）投资者适当性管理

230. 科创板为什么要设置较高的投资者适当性要求？ 168

231. 较高的投资者适当性要求是否会影响科创板的流动性？ 169

232. 科创板业务是否沿用《证券期货投资者适当性管理办法》中的投资者类别划分方式？ 170

233. 已开通港股通等上交所产品或业务交易权限的投资者是否可以直接参与科创板股票交易？ 170

234. 个人投资者开通科创板交易权限应当符合哪些条件？不满足开户条件的个人投资者应当如何参与科创板投资？ 171

235. 科创板设置"50万元以上资产"这一投资者门槛的原因是什么？ 171

236. 怎样开通科创板交易权限？ 172

237. 境外投资者是否可以参与科创板股票交易？ 173

238. 科创板投资者适当性管理有哪些持续监管要求？ 173

239. 红筹公司对境内外科创板投资者的保护存在哪些差异？ 173

（二）科创板风险及投资者教育

240. 个人投资者如何做好参与科创板股票交易的准备工作？ 175

241. 投资者如何了解和判断拟上市科创企业的投资价值？ 176

242. 投资者参与科创板股票交易需要关注哪些风险？ 177

243. 投资者能否购买风险等级高于其风险承受能力等级的科创板股票？ 177

244. 证监会如何加强科创板投资者教育及知识普及工作？ 178

（三）投资者权益保护

245. 科创板在新股发行定价环节如何保障中小投资者权益？ 179

246. 证券公司应如何保护科创板个人投资者的权益？ 181

247. 违反科创板投资者适当性管理要求的机构会面临哪些惩罚措施？ 181

248. 科创板如何加强投资者民事权益救济？ 182

249. 科创板在保护投资者权益方面作出了哪些制度安排？ 184

250. 科创板投资者权益受到损害时如何向证监会申诉？ 185

251. 如何举报科创板交易中的违法违规行为？ 186

252. 如何强化对科创板违法违规行为的稽查执法？ 187

九、设立科创板并试点注册制改革与创新试点的关系

253. 开展创新试点的背景和主要内容是什么？ 188

254. 设立科创板并试点注册制和创新试点如何衔接关联？ 189

255. 创新试点企业如何在科创板上市？ 190

256. 红筹企业申请发行股票或存托凭证并在科创板上市需符合哪些条件？ 190

257. 科创板对特别表决权比例有何特殊规定？ 191

258. 持有特别表决权股份的股东行使权利时应注意什么？ 192

259. 科创板如何保障普通表决权比例？ 192

260. 何种情形下特别表决权股份应转换为普通表决权股份？ 192

261. 对哪些事项行使表决权时，特别表决权股份的表决权数量与普通表决权股份相同？ 193

262. 科创板规则如何与存托凭证相关规则衔接？ 193

十、设立科创板并试点注册制的保荐机构参与机制

263. 设立科创板并试点注册制对保荐机构有什么影响？ 195

264. 科创板对试行跟投制度有何规定？ 196

265. 科创板为什么要试行保荐机构相关子公司跟投制度？ 196

266. 保荐机构相关子公司参与跟投的比例范围、锁定期、信息披露要求是什么？　　　　　　　　　　　　　　　　　197

267. 科创板对保荐机构的持续督导责任有什么特殊要求？　198

268. 主承销商可以向哪些投资者收取经纪佣金？　　　　199

269. 如何确定新股配售经纪佣金？　　　　　　　　　　199

270. 科创板如何强化保荐机构的责任？　　　　　　　　199

271. 证监会和上交所可以对违规保荐机构作出哪些处罚、处理？　200

十一、设立科创板并试点注册制的法治保障

272. 最高人民法院为科创板注册制改革提供司法保障的若干意见对于改革有什么重要意义？　　　　　　　　　　　　201

273. 科创板在探索符合中国国情的证券民事诉讼制度方面做了哪些安排？　　　　　　　　　　　　　　　　　　　203

274. 科创板案件管辖是怎么规定的？　　　　　　　　　203

275. 科创板实施注册制的法律依据有哪些？　　　　　　204

276. 科创板注册制的制度规则体系是什么样的？　　　　205

十二、股票发行上市基础知识

277. 什么是公开发行和非公开发行？　　　　　　　　　206

278. 什么是首次公开发行股票？　　　　　　　　　　　207

279. 什么是上市？　　　　　　　　　　　　　　　　　208

280. 什么是证券发行上市保荐制度？　　　　　　　　　208

281. 保荐制度的主要内容有哪些？ 209

282. 什么是多层次资本市场？ 210

283. 股票上市需要具备哪些条件？ 210

284. 企业选择上市地应考虑哪些因素？ 211

285. 企业发行上市需要聘请哪些中介机构？ 211

286. 什么是IPO募集资金？IPO募集资金可以用在哪些方面？ 211

287. 发行人应如何加强对募集资金运用的信息披露？ 211

288. 什么是发行上市尽职调查？保荐人尽职调查有哪些主要内容？ 212

289. 辅导包括哪些程序？如何对其工作效果进行评价？ 213

290. 发行人制作申请文件需要做好哪些准备工作？ 213

291. 一般股票发行审核程序主要包括哪些？ 214

292. 什么是战略配售？什么情况下可向战略投资者配售？ 215

293. 企业启动发行到上市大概需要多长时间？具体流程有哪些？ 216

294. 哪些情况下发行人应中止发行？发行中止后能否重启？ 217

295. 什么是发行失败？ 219

296. 企业首次公开发行后如何申请在上交所上市？ 219

297. 上交所如何审核发行人的上市申请？ 220

298. 企业上市后应注意哪些问题？ 221

299. 上市公司应当在什么时间披露定期报告？ 222

300. 交易所对上市公司的监管重点有哪些？ 222

后记 223

300 Q&As on SSE STAR Market 001-005 ▶

一、科创板的定位

001. 设立科创板有哪些考虑？

答： 上海证券交易所科创板（Shanghai Stock Exchange Sci-Tech innovAtion boaRd，简称SSE STAR Market）是上海证券交易所（以下简称上交所）在主板之外新设立的一个独立板块。

科创板不是简单地加个板块，而是要破解金融与科技深度融合的难题，破解资本市场深层次改革的难题。从这个意义上讲，科创板要肩负起两个使命。

第一个使命是支持科技创新的使命。一个国家要强盛，必须占据科技制高点，那就需要集聚各方面力量，包括资本的力量，投向科技领域。科创板就是一个科技与资本融合的平台，它的意义在于，从制度上解决了对科创企业的包容性问题，把更多的资源引向科技创新，引领经济发展向创新驱动转型。

第二个使命是深化资本市场改革的使命。我国资本市场还是一个不成熟的市场，很多方面需要改革。一张白纸最容易画出美好的蓝图。从科创板这样一个新设板块先行先试，风险小，改革的力度可以更大。试好了，可以逐步推开。因此，科创板是改革的突破口，改革的试验田。

002. 科创板的定位是什么？

答：根据《关于在上海证券交易所设立科创板并试点注册制的实施意见》（以下简称《实施意见》），科创板的定位是，坚持面向世界科技前沿、面向经济主战场、面向国家重大需求，主要服务于符合国家战略、突破关键核心技术、市场认可度高的科创企业，重点支持新一代信息技术、高端装备、新材料、新能源、节能环保及生物医药等高新技术产业和战略性新兴产业，推动互联网、大数据、云计算、人工智能和制造业深度融合，引领中高端消费，推动质量变革、效率变革、动力变革。具体行业范围由上交所发布并适时更新。

003. 哪些企业可以申请到科创板上市？

答：根据《上海证券交易所科创板公司上市推荐指引》，下列领域的科创企业能够获得科创板的重点支持。（1）新一代信息技术领域，主要包括半导体和集成电路、电子信息、下一代信息网络、人工智能、大数据、云计算、新兴软件、互联网、物联网和智能硬件等。（2）高端装备领域，主要包括智能制造、航空航天、先进轨道交通、海洋工程装备及相关技术服务等。（3）新材料领域，主要包括先进钢铁材料、先进有色金属材料、先进石化化工新材料、先进无机非金属材料、高性能复合材料、前沿新材料及相关技术服务等。（4）新能源领域，主要包括先进核电、大型风电、高效光电光热、高效储能及相关技术服务等。（5）节能环保领域，主要包括高效节能产品及设备、先进环保技术装备、先进环保产品、资源循环利用、新能源汽车整车、新能源汽车关键零部件、动力电池及相关技术服务等。（6）生物医药领域，主要包括生物制品、高端化学药、高端医疗设备与器械及相关技术服务等。（7）符合科创板定位的其他领域。

004. 科创板在哪些方面体现了对科创企业的包容性？

答：从全球范围看，科创企业有一些规律性的特点。主要体现在三个方面：一是长期没有盈利。很多科创企业在初创和成长阶段主要是做好研发、开拓市场，需要大量投资，一般不会追求短期盈利。从纳斯达克市场看，2009—2017年，上市的未盈利企业占比超过60%。一些公认的优秀科创企业上市后长期没有盈利。二是存在同股不同权架构。科创企业公司要发展，就要不断引入外部资本，创始人的股权会不断稀释。为了保持创始人的控制权，不少科创企业采用了"同股不同权"的特殊股权架构，创始人持有的股份表决权是普通股份的好几倍。三是我国不少科创企业还存在红筹架构，也就是注册地在境外，主要经营活动在境内。对于科创企业的上述特点，我们在相当长的一段时间内认识不够，重视不够，制度供给没有及时跟上。

这次改革中，上述三个方面都实现了重大突破。

005. 科创企业为什么要选择到科创板上市？

答：在科创板上市，有助于科创企业进行股权融资、强化公司治理、以人才为依托发展壮大。

一是有助于科创企业进行股权融资。科创板聚焦科创企业特点进行制度设计，增加包容性，使科创企业可以通过资本市场在快速发展阶段获得必要的股权融资，做优做强。

二是有助于科创企业强化公司治理，建立现代企业制度。在科创板上市后，科创企业将接受科创板持续监管，更加重视公司治理，强化信息披露意识，规范生产经营，最终实现长期可持续发展。同时，在科创板上市也有助于提升企业公众形象与社会知名度，提升综合影响力和竞争力。

三是有助于科创企业以人才为依托发展壮大。科创板鼓励科创企业实施股权激励，大幅优化了现有股权激励制度，扩展了股权激励的比例上限和对象范围，增强了股权激励价格条款的灵活性。通过上述安排，可以把公司利益与管理层、核心技术团队的利益紧密联系在一起，激发创新潜能，为企业创新发展打下坚实基础。

二、注册制试点

006. 如何理解科创板注册制？

答：注册制是一种不同于审批制、核准制的证券发行监管制度，它的基本特点是以信息披露为中心，通过要求证券发行人真实、准确、完整地披露公司信息，使投资者获得必要的信息，对证券价值进行判断并作出是否投资的决策，证券监管机构对证券的价值好坏、价格高低不做实质性判断。

注册制起源于美国。美国堪萨斯州在1911年州立"蓝天法"中，确立了"实质监管"的证券发行审批制度，授权注册机关对证券发行人的商业计划是否对投资者公平、公正、合理进行实质性判断。1929年"大萧条"之后，美国制定了《1933年证券法》，没有采纳"实质监管"的证券发行制度，而是确立了以"强制信息披露"为基础的证券发行注册制。目前，注册制已经成为境外成熟市场证券发行监管的普遍做法。除美国外，英国、新加坡、韩国，以及我国香港和台湾等都采取具有注册制特点的证券发行制度。由于各个国家或地区在发展历史、投资者结构、法治传统和司法保障等方面的情况存在较大差异，不同市场实施注册制的具体做法并不完全相同。

党的十八届三中全会提出要"推进股票发行注册制改革"。2019年1月，经党中央、国务院同意，中国证监会公布《实施意见》，标志着我国从设立科创板入手，开始逐步探索符合国情的证券发行注册制。科创板借鉴境外成熟市场做法，将注册条件优化、精简为底线性、原则性要求，实现了审核标准、审核程序和问询回复的全过程公开，体现了注册制以信息披露为中心、让投资者进行价值判断的基本特征和方向。按照科创板试点注册制的要求，发行人是信息披露第一责任人，负有充分披露投资者作出价值判断和投资决策所必需的信息，确保信息披露真实、准确、完整、及时、公平的义务。以保荐人为主的中介机构，运用专业知识和经验，充分了解发行人经营情况和风险，对发行人的信息披露资料进行全面核查验证，作出专业判断，为投资者投资决策提供参考。发行上市审核部门主要通过提出问题、回答问题及其他必要的方式开展审核工作，目的在于督促发行人完善信息披露内容。发行人商业质量的好坏、股票是否值得投资、股票的投资价格与价值等事项由投资者作出判断。股票发行的价格、规模、节奏主要通过市场化的方式，由发行人、保荐人、承销商、机构投资者等市场参与主体通过询价、定价、配售等市场机制加以确定，监管部门不设任何行政性限制。

考虑到我国证券市场发展时间比较短，基础制度和市场机制尚不成熟，市场约束力量、司法保障机制等还不完善，科创板注册制仍然需要负责股票发行注册审核的部门提出一些实质性要求，并发挥一定的把关作用。一是基于科创板定位，对发行申请人的行业类别和产业方向提出要求。二是对于明显不符合科创板定位、基本发行条件的企业，证券交易所可以作出终止发行上市审核决定。三是证监会在证券交易所审核同意的基础上，对发行审核工作及发行人在发行条件和信息披露要求的重大方面是否符合规定作出判断，对于不符合规定的可以不予注册。今后，随着投资者逐步走向成熟，市场约束逐步形成，诚信水平逐步提高，有关的要求与具体做法将根据市场实践情况逐步调整和完善。

007. 试点注册制与核准制有什么区别？

答：一是发行条件更加精简优化。试点注册制和核准制都有发行上市的硬性条件，这些条件在试点注册制下更加精简优化，更加注重企业公开发行股票应当具备的基本资格条件、合规条件和运行条件，将核准制发行条件中可以由投资者判断的事项转为更加严格、全面、深入、精准的信息披露要求，允许尚未盈利或存在累计未弥补亏损的企业上市。

二是信息披露体系更加严格。落实以信息披露为中心的监管理念，明确发行人是信息披露的第一责任人，在符合条件的基础上，必须符合信息披露要求，确保信息披露真实、准确、完整；明确中介机构应归位尽责，对信息披露全面核查验证；明确投资者要根据信息披露理性投资，自主判断投资价值；明确监管机构对发行上市条件和信息披露质量进行把关。

三是发行承销机制更加市场化。构建市场化发行承销机制，新股发行价格主要通过市场化方式决定；发挥机构投资者的投研定价能力，建立以机构投资者为参与主体的询价、定价、配售等机制，对发行定价不设限制。

四是中介机构责任更加强化。重点是压实中介机构的尽职调查义务和核查把关责任，对于违法违规的中介机构及人员将采取严厉监管措施，对信息披露造假、欺诈发行等行为出重拳、用重典，提高违法违规成本，依法治市、执法必严、违法必究，切实维护规范有序的市场环境。

五是配套措施更加健全。推动形成"有进有出"的退市机制，建立良好的法治、市场和诚信环境；更强调系统性、协同性，增强监管的全面性、有效性，采取更加丰富的手段提高持续监管能力，加强执法与司法的衔接，推动完善相关法律制度和司法解释，探索完善与试点注册制相适应的证券民事诉讼法律制度。

008. 如何理解证监会与上交所在科创板实施注册审核中的职能定位？

答：在实行证券发行注册制的国家或地区，受市场环境、行政体制、历史传承等因素的影响，监管部门与证券交易所之间对证券发行审核职能的划分采取了不同的模式，但普遍认为证券发行的注册权具有公权力的属性，因而有的采取由监管部门或专门的公共机构负责发行审核的方式，有的虽然采取由证券交易所负责审核的方式，但为了确保注册权的恰当行使，监管部门常常会通过一定的机制对证券交易所履行注册审核义务加以监督。

科创板借鉴境外做法及其背后的理念，对证监会与上交所在实施股票发行注册中的有关职责做了明确划分。

上交所负责股票发行上市审核。上交所受理企业公开发行股票并上市的申请后，主要基于科创板定位，审核判断企业是否符合发行条件、上市条件和信息披露要求。审核工作主要通过向企业提出问题、企业回答问题的方式展开。上交所审核后认为企业符合发行条件、上市条件和信息披露要求的，将审核意见及发行人注册申请文件报送证监会履行发行注册程序。

证监会主要承担以下三个方面的职责。

一是负责科创板股票发行注册。注册工作不是重新审核、双重审核，证监会重点关注的是上交所发行审核内容有无遗漏、审核程序是否符合规定，以及发行人在发行条件和信息披露要求的重大方面是否符合规定，侧重于对上交所审核工作的质量控制，使其更符合科创板注册制改革的相关要求，其主要目的是督促发行人进一步完善信息披露内容，并不是回到行政审批的老路。

二是对上交所审核工作进行监督。除了通过注册程序监督上交所发行审核内容有无遗漏、审核程序是否符合规定外，证监会还可以持续追踪发行人的信息披露文件、上交所的审核意见，定期或者不定期地对上交所审核工作进行抽查和检查。在科创板试点注册制下，上交所是法定的发行审核主体，依法履行社会公共事务管理职能，但同时上交所又是科创板股票交易的市场组织者，存在社会公共利益与交易所市场角色的冲突，这也是全球交易所监管面临的共性问题。科创板试点注册制通过建立证监会对于上交所的监督机制来解决利益冲突问题。

三是实施事前事中事后全过程监管。在发行上市审核、注册和新股发行过程中，证监会发现发行人存在重大违法违规嫌疑的，可以要求上交所处理，也可以宣布发行注册暂缓生效，或者暂停新股发行，直至撤销发行注册，并对有关违法违规行为采取行政执法措施。

009. 证监会如何监督上交所的审核工作？

答：一是督促上交所建立内部防火墙制度，发行上市审核部门与其他部门隔离运行，防范利益冲突。

二是持续追踪发行人的信息披露文件、上交所的审核意见，定期或不定期地对上交所审核工作进行抽查和检查，落实对上交所审核工作的监督问责机制。

三是督促上交所提高审核工作透明度，审核过程和审核意见向社会公开，减少自由裁量空间。

四是上交所参与审核的人员，不得与发行人有利害关系，不得直接或间接与发行人有利益往来，不得持有发行人的股票，不得私下与发行人进行接触，切实防范以权谋私、利益输送等违法违纪行为。

010. 科创板发行上市审核需要多长时间？

答： 上交所自受理之日起3个月内出具同意发行上市的审核意见或者作出终止发行上市审核的决定，发行人及其保荐人、证券服务机构回复审核问询的时间总计不超过3个月，但中止审核、请示有权机关、落实上市委员会意见、实施现场检查等情形不计算在前述时间内。无特殊情形，上交所审核阶段大体不超过6个月。

证监会收到上交所报送的审核意见后，在20个工作日内作出是否注册的决定，但发行人补充、修改注册申请文件，证监会要求上交所进一步问询，以及证监会要求保荐人、证券服务机构等对有关事项进行核查的时间不计算在内。

实践中，科创板发行上市审核的时间很大程度上取决于申报企业质量、报送材料质量及中介机构是否勤勉尽责。各方归位尽责，将必然有助于审核注册的效率和质量。

011. 科创板对发行人、中介机构、投资者分别提出了什么要求？

答：发行人是信息披露的第一责任人，应充分披露投资者作出价值判断和投资决策所必需的信息，确保信息披露真实、准确、完整。

科创板强化了中介机构的尽职调查义务和核查把关责任，对于违法违规的中介机构及其相关人员将采取严厉的监管措施。

科创板要求投资者提高风险识别能力和理性投资意识，审慎决策，防止过度投机炒作。

012. 科创板如何体现以信息披露为中心的理念？

答：在上交所设立科创板并试点注册制是资本市场的一项增量改革。这次改革不仅是新设一个板块，更重要的是坚持市场化、法治化的方向，建立健全以信息披露为中心的股票发行上市制度，发挥科创板改革"试验田"的作用，形成可复制、可推广的经验。

一是始终坚持发行人是信息披露的第一责任人。发行人披露的信息对于投资者作出价值判断和投资决策具有重大影响。因此，科创板对发行人的诚信义务和法律责任提出了更高的要求，发行人不仅需要充分披露投资者作出价值判断和投资决策所必需的信息，还必须保证信息披露真实、准确、完整、及时、公平。

二是建立了更加全面、深入和精准的信息披露制度体系。科创板结合境外股票发行市场准入的经验得失，对现行的发行条件进行了系统的梳理，保留了最基本的发行条件，对于可以由投资者判断的事项逐步转化为信息披露的制度要求。

三是在发行审核环节，更加关注发行人信息披露的质量。科创板发行审核除了关注信息披露是否真实、准确、完整外，审核的过程、审核的意见也向社会公开，接受社会监督。

四是在持续信息披露方面，科创板也作出了差异化的安排。科创板结合科创企业的特点，进一步强化了行业信息、核心技术、经营风险、公司治理、业绩波动等事项的信息披露，而对于信息披露量化指标、披露时点、披露方式、暂缓豁免披露商业敏感信息、非交易时间对外发布重大信息等方面，作出了更具弹性的制度安排，以保持科创企业的商业竞争力。

013. 注册制如何防止企业一窝蜂上市？

答：科创板虽然试点注册制，但对拟上市企业有严格的标准和相应程序，并实行公开透明的问询制度，对发行人和中介机构都有较高要求，不是谁想上市就可以上市。同时，注重发挥市场机制的约束作用，由投资者根据披露的信息审慎作出投资决策。从境外成熟市场来看，实行注册制也有非常严格的审核标准和制度。因此，只要市场各方（包括中介机构、发行人、投资者等）及监管部门归位尽责，科创板就不会出现一窝蜂上市的局面。

三、科创板股票发行上市条件

014-037

014. 企业在科创板首次公开发行应具备哪些发行条件？

答：一是发行人是依法设立且持续经营3年以上的股份有限公司，具备健全且运行良好的组织机构，相关机构和人员能够依法履行职责。

有限责任公司按原账面净资产值折股整体变更为股份有限公司的，持续经营时间可以从有限责任公司成立之日起计算。

二是发行人会计基础工作规范，财务报表的编制和披露符合企业会计准则和相关信息披露规则的规定，在所有重大方面公允地反映了发行人的财务状况、经营成果和现金流量，并由注册会计师出具标准无保留意见的审计报告。

发行人内部控制制度健全且被有效执行，能够合理保证公司运行效率、合法合规和财务报告的可靠性，并由注册会计师出具无保留意见结论的内部控制鉴证报告。

三是发行人业务完整，具有直接面向市场独立持续经营的能力。（1）资产完整，业务及人员、财务、机构独立，与控股股东、实际控制人及其控制的其他企业间不存在对发行人构成重大不利影响的同业竞争，不存在严重影响独立性或者显失公平的关联交易。（2）发行人主营业务、控制权、管理团队和核心技术人员稳定，最近2年内主营业务和董事、高级管理人员及核心技术人员均没有发生重大不利变化。控股股东和受控股股东、实际控制人支配的股东所持发行人的股份权属清晰，最近2年实际控制人没有发生变更，不存在导致控制权可能发生变更的重大权属纠纷。（3）发行人不存在主要资产、核心技术、商标等的重大权属纠纷，重大偿债风险，重大担保、诉讼、仲裁等或有事项，经营环境已经或者将要发生重大变化等对持续经营有重大不利影响的事项。

四是发行人生产经营符合法律、行政法规的规定，符合国家产业政策。最近3年内，发行人及其控股股东、实际控制人不存在贪污、贿赂、侵占财产、挪用财产或者破坏社会主义市场经济秩序的刑事犯罪，不存在欺诈发行、重大信息披露违法或者其他涉及国家安全、公共安全、生态安全、生产安全、公众健康安全等领域的重大违法行为。董事、监事和高级管理人员不存在最近3年内受到证监会行政处罚，或者因涉嫌犯罪被司法机关立案侦查，或者涉嫌违法违规被证监会立案调查，尚未有明确结论性意见等情形。

015. **企业在科创板上市需要符合哪些条件？**

答： 除红筹企业和有特殊股权架构的企业外，企业申请在科创板上市，其市值及财务指标应当至少符合下列标准中的一项。

（1）预计市值不低于人民币10亿元，最近两年净利润均为正且累计净利润不低于人民币5000万元，或者预计市值不低于人民币10亿元，最近一年净利润为正且营业收入不低于人民币1亿元。

（2）预计市值不低于人民币15亿元，最近一年营业收入不低于人民币2亿元，且最近三年累计研发投入占最近三年累计营业收入的比例不低于15%。

（3）预计市值不低于人民币20亿元，最近一年营业收入不低于人民币3亿元，且最近三年经营活动产生的现金流量净额累计不低于人民币1亿元。

（4）预计市值不低于人民币30亿元，且最近一年营业收入不低于人民币3亿元。

（5）预计市值不低于人民币40亿元，主要业务或产品须经国家有关部门批准，市场空间大，目前已取得阶段性成果。医药行业企业须至少有一项核心产品获准开展二期临床试验，其他符合科创板定位的企业须具备明显的技术优势并满足相应条件。

上述所称净利润以扣除非经常性损益前后的孰低者为准，所称净利润、营业收入、经营活动产生的现金流量净额均指经审计的数值。

016. 红筹企业在科创板上市需要符合哪些条件？

答：一是符合《国务院办公厅转发证监会关于开展创新企业境内发行股票或存托凭证试点若干意见的通知》（国办发〔2018〕21号，以下简称《若干意见》）相关规定的红筹企业，可以申请发行股票或存托凭证并在科创板上市。

尚未在境外上市的创新企业（包括红筹企业和境内注册企业），最近一年营业收入不低于30亿元人民币且估值不低于200亿元人民币，或者营业收入快速增长，拥有自主研发、国际领先技术，在同行业竞争中处于相对优势地位。

二是营业收入快速增长，拥有自主研发、国际领先技术，在同行业竞争中处于相对优势地位，尚未在境外上市的红筹企业，申请在科创板上市的，市值及财务指标应当至少符合下列标准之一：预计市值不低于人民币100亿元；预计市值不低于人民币50亿元，且最近一年营业收入不低于人民币5亿元。

017. 已在境外上市的红筹企业申请境内发行股票或存托凭证在市值方面应符合哪些条件？

答：（1）市值不低于2000亿元人民币。

（2）市值200亿元人民币以上，且拥有自主研发、国际领先技术，科技创新能力较强，同行业竞争中处于相对优势地位。

018. 上交所在吸引优质科创类红筹企业登陆科创板做了哪些针对性安排？

答：一是针对红筹企业上市之前对赌协议中普遍采用向投资人发行带有特殊权利的优先股等对赌方式，明确如承诺申报和发行过程中不行使相关权利，可以将优先股保留至上市前转换为普通股，且对转换后的股份不按突击入股对待，为对赌协议的处理提供了更为包容的空间。

二是针对红筹企业法定股本较小、每股面值较低的情况，明确在适用科创板上市条件中"股本总额"相关规定时，按照发行后的股份总数或者存托凭证总数计算，不再按照总金额计算。

三是对红筹企业境内发行上市相关条件中的"营业收入快速增长"这一原则性要求，从营业收入、复合增长率、同行业比较等维度，明确三项具体判断标准，三项具备一项即可；同时明确规定"处于研发阶段的红筹企业和对国家创新驱动发展战略有重大意义的红筹企业"，不适用营业收入快速增长的上述具体要求，充分落实科创板优先支持硬科技企业的定位要求。

四是针对红筹企业以美元、港元等外币标明面值等情况，明确在适用"面值退市"指标时，按照"连续20个交易日股票收盘价均低于1元人民币"的标准执行；此外，红筹企业发行存托凭证，基于存托凭证的特殊属性，不适用"股东人数"退市指标。

019. 什么是差异表决权安排？

答：差异表决权安排是指发行人按照《公司法》第一百三十一条的规定，在一般规定的普通股份之外，发行拥有特别表决权的股份。每一特别表决权的股份拥有的表决权数量大于每一普通股份拥有的表决权数量，其他股东权利与普通股份相同。

020. 存在差异表决权安排的企业可以在科创板上市吗？

答：可以。符合《若干意见》相关规定的红筹企业，以及表决权安排符合《上海证券交易所科创板股票上市规则》（以下简称《上市规则》）等规则规定的企业可以申请发行股票或存托凭证并在科创板上市。

三、科创板股票发行上市条件　　014-037

021. 存在差异表决权安排的企业在科创板上市需要符合什么条件？

答：存在差异表决权安排的企业申请在科创板上市，除需要满足在科创板上市的一般条件外，还应满足预计市值不低于人民币100亿元，或者预计市值不低于人民币50亿元，且最近一年营业收入不低于人民币5亿元。

022. 如何理解科创板关于特殊股权结构企业上市的制度安排？

答：《实施意见》依据《公司法》关于国务院可以对类别股另行规定的授权，允许科创企业发行具有不同表决权的类别股份并在科创板上市。为妥善处理好特别表决权股份与普通股份之间的利益关系，科创板做了相应的制度安排。

一是设置严格的适用条件。发行人在首次公开发行前设置差异表决权安排的，应当经出席股东大会的股东所持2/3以上表决权通过。发行人具有差异表决权安排的，必须符合一定的市值标准或者财务指标要求。

二是限制特别表决权股份的持有人资格。股东或者其控制的持股主体持有特别表决权股份的，该股东应当对公司发展或业务增长作出重大贡献，并且在公司上市前及上市后持续担任公司董事。持有特别表决权股份的股东在上市公司中拥有权益的股份，合计应达到全部已发行有表决权股份的10%以上。

三是设定每份特别表决权股份表决权数量的上限。每份特别表决权股份的表决权数量相同，且不得超过每份普通股份表决权数量的10倍。除公司章程规定的表决权差异外，特别表决权股份与普通股份具有的其他股东权利完全相同。

四是明确特别表决权股份临时及永久转换的情形。在对修改章程、合并分立等特定的公司重大事项进行表决时，特别表决权股份与普通股份享有的表决权数量相同。特别表决权股份的持有人不再符合规定条件，或者发生转让特别表决权股份等情形，或者将特别表决权的股份委托他人行使，公司的控制权发生变更，特别表决权股份按照1：1的比例永久转换为普通股份。

五是强化信息披露等内外部监督机制的作用。存在差异表决权安排的企业应当充分、详细披露相关情况，特别是风险、公司治理等信息，以及依法落实保护投资者合法权益规定的各项措施，并在定期报告中持续披露差异表决权安排在报告期内的实施和变化情况。公司监事会应当对差异表决权安排的设置和运行出具专项意见。

023. 尚未盈利或存在未弥补亏损的企业可以在科创板发行上市吗？

答：可以。根据《实施意见》，科创板根据板块定位和科创企业特点，设置多元包容的上市条件，允许符合科创板定位、尚未盈利或存在累计未弥补亏损的企业在科创板上市。

024. 上市公司分拆子公司可以在科创板上市吗？

答：可以。根据证监会发布的《科创板上市公司持续监管办法（试行）》（以下简称《持续监管办法》）第三十一条的规定，达到一定规模的上市公司，可以依据法律法规、证监会和上交所有关规定，分拆业务独立、符合条件的子公司在科创板上市。

025. 企业在科创板上市各方应履行哪些信息披露义务？

答：申请股票首次发行上市的，发行人及其控股股东、实际控制人、董事、监事和高级管理人员应当依法履行信息披露义务，保荐人、证券服务机构应当依法对发行人的信息披露进行核查把关。

发行人作为信息披露的第一责任人，应当诚实守信，依法充分披露投资者作出价值判断和投资决策所必需的信息，保证发行上市申请文件和信息披露的真实、准确、完整，不得有虚假记载、误导性陈述或者重大遗漏。

发行人的控股股东、实际控制人、董事、监事、高级管理人员等相关主体应当诚实守信，保证发行上市申请文件和信息披露的真实、准确、完整，依法作出并履行相关承诺，不得损害投资者合法权益。

保荐人应当诚实守信、勤勉尽责，保证招股说明书及其出具的发行保荐书、上市保荐书等文件的真实、准确、完整。

会计师事务所、律师事务所等证券服务机构应当诚实守信、勤勉尽责，保证招股说明书中与其专业职责有关的内容及其所出具文件的真实、准确、完整。

026. 保荐机构应重点推荐哪些领域的企业到科创板上市？

答： 保荐机构应当按照科创板定位，重点推荐符合国家战略、突破关键核心技术、市场认可度高的科创企业，属于新一代信息技术、高端装备、新材料、新能源、节能环保及生物医药等高新技术产业和战略性新兴产业的科创企业，互联网、大数据、云计算、人工智能和制造业深度融合的科创企业。

具体包括以下行业领域。

（1）新一代信息技术领域，主要包括半导体和集成电路、电子信息、下一代信息网络、人工智能、大数据、云计算、新兴软件、互联网、物联网和智能硬件等。

（2）高端装备领域，主要包括智能制造、航空航天、先进轨道交通、海洋工程装备及相关技术服务等。

（3）新材料领域，主要包括先进钢铁材料、先进有色金属材料、先进石化化工新材料、先进无机非金属材料、高性能复合材料、前沿新材料及相关技术服务等。

（4）新能源领域，主要包括先进核电、大型风电、高效光电光热、高效储能及相关技术服务等。

（5）节能环保领域，主要包括高效节能产品及设备、先进环保技术装备、先进环保产品、资源循环利用、新能源汽车整车、新能源汽车关键零部件、动力电池及相关技术服务等。

（6）生物医药领域，主要包括生物制品、高端化学药、高端医疗设备与器械及相关技术服务等。

（7）符合科创板定位的其他领域。

027. 保荐机构在评估和推荐科创企业时应重点关注哪些事项？

答：应重点关注以下6个方面。

（1）是否掌握具有自主知识产权的核心技术，核心技术是否权属清晰、是否国内或国际领先、是否成熟或者存在快速迭代的风险。

（2）是否拥有高效的研发体系，是否具备持续创新能力，是否具备突破关键核心技术的基础和潜力，包括但不限于研发管理情况、研发人员数量、研发团队构成及核心研发人员背景情况、研发投入情况、研发设备情况、技术储备情况。

（3）是否拥有市场认可的研发成果，包括但不限于与主营业务相关的发明专利、软件著作权及新药批件情况，独立或牵头承担重大科研项目情况，主持或参与制定国家标准、行业标准情况，获得国家科学技术奖项及行业权威奖项情况。

（4）是否具有相对竞争优势，包括但不限于所处行业市场空间和技术壁垒情况、行业地位及主要竞争对手情况、技术优势及可持续性情况、核心经营团队和技术团队竞争力情况。

（5）是否具备技术成果有效转化为经营成果的条件、是否形成有利于企业持续经营的商业模式、是否依靠核心技术形成较强成长性，包括但不限于技术应用情况、市场拓展情况、主要客户构成情况、营业收入规模及增长情况、产品或服务盈利情况。

（6）是否服务于经济高质量发展，是否服务于创新驱动发展战略、可持续发展战略、军民融合发展战略等国家战略，是否服务于供给侧结构性改革。

保荐机构应当在《关于发行人符合科创板定位要求的专项意见》中披露相关核查过程、依据和结论。

028. 科创属性评价指标体系的常规指标有哪些？

答：（1）最近三年研发投入占营业收入比例在5%以上，或最近三年研发投入金额累计在6000万元以上。

（2）形成主营业务收入的发明专利5项以上。

（3）最近三年营业收入复合增长率达到20%，或最近一年营业收入金额达到3亿元。

其中采用《上海证券交易所科创板股票发行上市审核规则》（以下简称《审核规则》）第二十二条第（五）款规定的上市标准申报科创板的企业可不适用上述第（3）项指标中关

于"营业收入"的规定；软件行业不适用上述第（2）项指标的要求，研发占比应在10%以上。

029. 科创属性评价指标体系的例外条款有哪些？

答：（1）发行人拥有的核心技术经国家主管部门认定具有国际领先、引领作用或者对于国家战略具有重大意义。

（2）发行人作为主要参与单位或者发行人的核心技术人员作为主要参与人员，获得国家科技进步奖、国家自然科学奖、国家技术发明奖，并将相关技术运用于公司主营业务。

（3）发行人独立或者牵头承担与主营业务和核心技术相关的"国家重大科技专项"项目。

（4）发行人依靠核心技术形成的主要产品（服务），属于国家鼓励、支持和推动的关键设备、关键产品、关键零部件、关键材料等，并实现了进口替代。

（5）形成核心技术和主营业务收入的发明专利（含国防专利）合计50项以上。

030. 初创期、成长期的企业能否在科创板发行上市？

答：科创板支持发展期到成熟期的科创企业上市。科创板放开了盈利条件，从市值、收入、现金流、研发投入等方面设置了多元包容的上市标准，尚未盈利的优质科创企业可以登陆科创板，使高成长性的科创企业在初创期、成长期实现融资。

031. 如何理解科创板的包容性？

答：科创企业有其自身的成长路径和发展规律。在财务表现上，很多企业在前期技术攻关和产品研发期，投入和收益在时间上呈现出不匹配的特点，有的企业存在暂时性亏损，有的企业在研发阶段还没有产生收入。在公司治理上，存在表决权差异安排、协议控制架构等特殊方式，更加依赖人力资本。因此，需要构建更加科学合理的上市指标体系，满足不同模式类型、不同发展阶段、不同财务特征，但已经拥有相关核心技术、市场认可度高的科创企业上市需求。

基于上述考虑，科创板大幅提升了上市条件的包容度和适应性。在市场和财务条件方面，引入"市值"指标，与收入、现金流、净利润和研发投入等财务指标进行组合，设置了5套差异化的上市标准，以满足在关键领域通过持续研发投入突破核心技术或取得阶段性成果、拥有良好发展前景，但财务表现不一的科创企业上市需求。允许存在未弥补亏损、未盈利的企业上市，不再对无形资产占比进行限制。允许存在差异表决权安排等特殊治理结构的企业上市，并予以必要的规范约束。允许红筹企业和上市公司分拆子公司上市。为适应科创企业吸引人才、保持管理层和核心技术团队稳定的需求，允许企业存在上市前制定、上市后实施的期权激励和员工持股计划。针对科创企业股权结构变动和业务整合较为频繁的特点，放宽对实际控制人变更、主营业务变化、董事和高级管理人员重大变化期限的限制。

032. 什么是预计市值指标？

答：预计市值是指股票公开发行后按照总股本乘以发行价格计算出来的发行人股票名义总价值。

保荐机构应当为发行人选择适当的上市标准提供专业指导，审慎推荐，并在上市保荐书中就发行人选择的上市标准逐项说明适用理由，其中对预计市值指标，应当结合发行人报告期外部股权融资情况、可比公司在境内外市场的估值情况等进行说明。

033. 科创板上市辅导的程序和内容与其他板块有无不同？

答：没有本质区别。保荐机构在推荐发行人首次公开发行股票并上市前，应当对发行人进行辅导，对发行人的董事、监事和高级管理人员、持有5%以上股份的股东和实际控制人（或者其法定代表人）进行系统的法规知识、证券市场知识培训，使其全面掌握发行上市、规范运作等方面的法律法规和规则，知悉信息披露和履行承诺等方面的责任和义务，树立进入证券市场的诚信意识、自律意识和法治意识。保荐机构辅导工作完成后，应由发行人所在地的证监会派出机构（地方证监局）进行辅导验收。

科创板上市辅导验收通过后，获得地方证监局出具的无异议函即可申报。其他板块上市辅导验收通过后，地方证监局不出具无异议函，而是直接报备证监会。

034. 企业申请在科创板发行上市需要提交哪些文件？

答：企业申请在科创板发行上市需要提交的申请文件大致包括以下几类。

（1）招股文件。

（2）发行人关于本次发行上市的申请与授权文件。

（3）保荐人和证券服务机构关于本次发行上市的文件。

（4）发行人的设立文件。

（5）与财务会计资料相关的其他文件。

（6）关于本次发行上市募集资金运用的文件。

（7）其他文件。

具体文件目录可参见《公开发行证券的公司信息披露内容与格式准则第42号——首次公开发行股票并在科创板上市申请文件》（中国证监会公告〔2019〕7号）。

035. 科创板发行上市招股说明书主要包括哪些信息？

答：招股说明书主要包括本次发行概况、风险因素、发行人基本情况、业务与技术、公司治理与独立性、财务会计信息与管理层分析、募集资金运用与未来发展规划、投资者保护及其他重要事项。具体内容可参见《公开发行证券的公司信息披露内容与格式准则第41号——科创板公司招股说明书》（中国证监会公告〔2019〕6号）。

036. 科创企业上市后变更主营业务须披露哪些内容？

答： 科创企业开展与主营业务行业不同的新业务，或者进行可能导致公司业务发生重大变化的资产买卖的，应当及时、充分地披露开展新业务的原因及合理性，公司在业务、资金、技术、人才等方面的准备情况，新业务的行业情况、管理情况、审批情况、风险提示，独立董事、监事会对公司开展新业务的意见及上交所或公司认为应当披露的其他重要内容。

037. 科创板对发行人募集资金使用有何要求？

答： 发行人应结合公司现有主营业务、生产经营规模、财务状况、技术条件、管理能力、发展目标合理确定募集资金投资项目，相关项目实施后不新增同业竞争，对发行人的独立性不产生不利影响。

发行人董事会应当依法就本次股票发行的具体方案、本次募集资金使用的可行性及其他必须明确的事项作出决议，并提请股东大会批准。

发行人应当披露其募集资金使用管理制度以及募集资金重点投向科技创新领域的具体安排。

四、科创板股票发行上市审核和注册

（一）审核和注册流程

038. 科创板发行上市审核有哪些步骤？

答：主要有3个步骤。

（1）受理申请。发行人申请首次公开发行股票并在科创板上市，按照规定聘请保荐人进行保荐，并委托保荐人通过上交所发行上市审核业务系统报送发行上市申请文件。发行上市申请文件的内容与格式应当符合证监会和上交所的相关规定。上交所收到发行上市申请文件后5个工作日内，对文件进行核对，作出是否受理的决定，告知发行人及其保荐人，并在上交所网站公示。

（2）审核问询。上交所主要通过向发行人提出审核问询、发行人回答问题的方式开展审核工作，基于科创板定位，判断发行人是否符合发行条件、上市条件和信息披露要求。

（3）出具审核意见。上交所按照规定的条件和程序，作出同意或者不同意发行人股票公开发行并上市的审核意见。同意发行人股票公开发行并上市的，将审核意见、发行人注册申请文件及相关审核资料报送证监会履行发行注册程序。不同意发行人股票公开发行并上市的，作出终止发行上市审核决定。

039. 证监会注册程序包括哪些具体环节？

答：证监会收到上交所报送的审核意见、发行人注册申请文件及相关审核资料后，履行发行注册程序。发行注册主要关注上交所发行上市审核内容有无遗漏、审核程序是否符合规定以及发行人在发行条件和信息披露要求的重大方面是否符合相关规定。证监会认为存在需要进一步说明或者落实事项的，可以要求上交所进一步问询。证监会在20个工作日内对发行人的注册申请作出同意注册或者不予注册的决定。

040. 科创板发行上市审核有哪些特点？

答：在试点注册制的情况下，科创板发行上市审核有许多方面的优化。

一是坚持以信息披露为中心。在关注相关发行条件和上市条件的基础上，强化信息披露监管，更加注重信息披露质量，切实保护好投资者权益。上交所着重从信息披露充分性、一致性和可理解性角度，开展审核问询，督促发行人及其保荐人、证券服务机构真实、准确、完整地披露信息。审核过程是一个提出问题、回答问题并不断丰富完善信息披露内容的过程，是震慑欺诈发行、便利投资者在信息充分的情况下作出投资决策的过程。

二是审核公开透明。上交所承担发行上市审核职责，进一步推进监管公开。实行全程电子化审核，优化审核机制、流程，向社会公布受理、审核进度、上市委员会会议等关键节点的审核进度时间表，强化审核结果的确定性。及时公开上交所的审核问询和发行人、保荐人、证券服务机构的回复内容，加大审核过程公开力度，接受社会监督。明确审核时限，稳定市场预期。

三是压实中介责任。突出发行人是信息披露的第一责任人，保荐人、证券服务机构对发行人的信息披露进行严格把关。《审核规则》规定了保荐人在申报时同步交存工作底稿、审核中根据需要启动现场检查、事后监管给予"冷淡对待"等措施，推动落实保荐人、证券服务机构尽职调查、审慎核查的职责。

四是加强事前事中事后全过程监管。立足我国资本市场"新兴+转轨"的国情、市情，更好地发挥市场监管作用。如果出现不符合基本的发行条件、上市条件等情形，将依法依规行使否决权，从源头上提高上市公司质量。如果在审核中发现异常情况，将开展必要的核查或者检查。发行上市申请文件存在虚假记载、误导性陈述或者重大遗漏的，将终止审核。涉嫌违法违规的，将提请证监会立案查处。

041. 科创板上市申请不予受理的情形有哪些？

答：存在下列情形之一的，上交所不予受理发行人的发行上市申请。

（1）招股说明书、发行保荐书、上市保荐书等发行上市申请文件不齐备且未按要求补正。

（2）保荐人、证券服务机构及其相关人员不具备相关资质；或者因证券违法违规被采取限制资格、限制业务活动、一定期限内不接受其出具的相关文件等相关措施，尚未解除；或者因首次公开发行并上市、上市公司发行证券、并购重组业务涉嫌违法违规，或者其他业务涉嫌违法违规且对市场有重大影响被立案调查、侦查，尚未结案。

042. 科创板为何要设立科技创新咨询委员会？

答：设立科技创新咨询委员会主要是为科创板相关工作提供专业咨询、人员培训和政策建议。科创企业处于科技前沿，专业性强，更新迭代快，为准确把握科创企业的科技水平，科技创新咨询委员会将根据上交所上市推广及发行上市审核工作的需要，提供专业咨询意见。

043. 科创板为何要设立自律委员会？

答：设立自律委员会，旨在充分发挥行业自律作用，规范科创板股票发行活动，引导市场形成良好、稳定的预期，促进科创板稳定健康发展，保护投资者合法权益。根据《上海证券交易所科创板股票公开发行自律委员会工作规则》，自律委员会是由科创板股票发行一级市场主要参与主体组成的咨询和议事机构，负责就科创板股票发行相关政策制定提供咨询意见、对股票发行和承销等事宜提出行业倡导建议。自律委员会通过工作会议的形式履行职责。工作会议以合议方式开展集体讨论，形成合议意见。

044. 科创板为何要设立上市委员会？

答：设立上市委员会是为了保证审核的公开、公平和公正，提升专业性、权威性和公信力。试点中，上交所层面的发行上市审核职责将由上交所发行上市审核机构与上市委员会共同承担。审核机构承担主要审核职责，提出明确的审核意见。上市委员会侧重于通过审议会议等形式，审议上交所审核机构提出的审核报告，发挥监督制衡作用。

045. 上市委员会的审议流程是怎样的？

答：审议会议召开时，会议召集人负责主持会议，确认应当参会的委员全部到场后，宣读会议纪律、注意事项和拟审议事项。

上交所发行上市审核机构的审核人员就提交审议的审核报告和初步审核意见向上市委员会进行汇报。

审核人员汇报完毕后，参会委员应当根据"委员工作底稿"，就审核报告的内容和发行上市审核机构提出的初步审核意见发表意见，可以要求审核人员就有关问题进行解释说明。

审议会议过程中，参会委员可以在拟提出问询问题的范围内，向发行人代表及保荐代表人询问并要求其回答。

会议召集人根据参会委员的意见及讨论情况进行总结，经合议，按少数服从多数的原则形成审议意见。

审议会议应当全程录音录像，形成会议纪要，并由参会委员签字确认。

上交所于审议会议结束当日，在上交所网站公布审议意见及问询问题。

046. 什么是上市委员会的回避制度？

答：上市委员会的回避制度是为了保证上市审核的公平、公正而设置的人员回避制度。上市委员会委员审议股票发行上市事宜时，有下列情形之一的应当回避。

（1）上市委员会委员或者其亲属近两年内担任发行人或其控股股东、实际控制人或者保荐人的董事、监事、高级管理人员。

（2）上市委员会委员或者其亲属、上市委员会委员所在工作单位与发行人或者保荐人存在股权关系，可能影响其公正履行职责。

（3）上市委员会委员或者其亲属、上市委员会委员所在工作单位近两年内为发行人提供保荐、承销、审计、评估、法律、咨询等服务，可能影响其公正履行职责。

（4）上市委员会委员或者其亲属担任董事、监事、高级管理人员的公司与发行人存在行业竞争关系，或者与发行人或保荐人有利害关系，经认定可能影响其公正履行职责。

（5）上市委员会会议召开前，与发行人、保荐人及其他相关单位或者个人进行过接触，可能影响其公正履行职责。

（6）上交所认定的可能产生利害冲突或者上市委员会委员认为可能影响其公正履行职责的其他情形。

前款所称亲属，包括上市委员会委员的配偶、父母、子女、兄弟姐妹、配偶的父母、子女的配偶、兄弟姐妹的配偶。

047. 上交所发行上市审核机构提出多轮问询的情形有哪些？

答：首轮审核问询后，存在下列情形之一的，上交所发行上市审核机构收到发行人回复后10个工作日内可以继续提出审核问询。

（1）首轮审核问询后，发现新的需要问询事项。

（2）发行人及其保荐人、证券服务机构的回复未能有针对性地回答上交所发行上市审核机构提出的审核问询，或者上交所就其回复需要继续审核问询。

（3）发行人的信息披露仍未满足证监会和上交所规定的要求。

（4）上交所认为需要继续审核问询的其他情形。

048. 什么是审核静默期制度？

答：审核静默期制度是指在首轮审核问询发出前，发行人及其保荐人、证券服务机构及其相关人员不得与审核人员接触，不得以任何形式干扰审核工作。

049. 在什么情况下要对科创板拟上市企业进行现场检查？

答：存在下列情况的，科创板拟上市企业会被要求现场检查。

（1）从发行上市申请已被受理的发行人中抽取一定比例，对其信息披露质量进行现场检查。

（2）在发行上市审核中，发现发行上市申请文件存在重大疑问且发行人及其保荐人、证券服务机构的回复无法作出合理解释的，对其进行现场检查。

050. 哪些情形下发行人可以申请复审？

答：发行上市申请被不予受理或者终止审核的，发行人可以在收到相关文件后5个工作日内，向上交所申请复审；但因发行人撤回发行上市申请或者保荐人撤回保荐终止审核的，发行人不得申请复审。

上交所收到复审申请后20个工作日内，召开上市委员会复审会议。上市委员会复审期间，原决定的效力不受影响。参加上市委员会原审议会议的委员，不得参加本次复审会议。

051. 中止发行上市审核程序或发行注册程序的情形有哪些？

答：存在下列情形之一的，发行人、保荐人应当及时书面报告上交所或者证监会，上交所或者证监会应当中止相应发行上市审核程序或者发行注册程序。

（1）相关主体涉嫌违反《科创板首次公开发行股票注册管理办法》（以下简称《注册管理办法》）第十三条第二款规定，被立案调查或者被司法机关侦查，尚未结案。

（2）发行人的保荐人以及律师事务所、会计师事务所等证券服务机构因首次公开发行股票、上市公司证券发行、并购重组业务涉嫌违法违规，或者其他业务涉嫌违法违规且对市场有重大影响被证监会立案调查，或者被司法机关侦查，尚未结案。

（3）发行人的签字保荐代表人以及签字律师、签字会计师等证券服务机构签字人员因首次公开发行股票、上市公司证券发行、并购重组业务涉嫌违法违规，或者其他业务涉嫌违法违规且对市场有重大影响被证监会立案调查，或者被司法机关侦查，尚未结案。

（4）发行人的保荐人以及律师事务所、会计师事务所等证券服务机构被证监会依法采取限制业务活动、责令停业整顿、指定其他机构托管、接管等监管措施，或者被上交所实施一定期限内不接受其出具的相关文件的纪律处分，尚未解除。

（5）发行人的签字保荐代表人、签字律师、签字会计师等中介机构签字人员被证监会依法采取限制证券从业资格等监管措施或者证券市场禁入的措施，或者被上交所实施一定期限内不接受其出具的相关文件的纪律处分，尚未解除。

（6）发行人及保荐人主动要求中止发行上市审核程序或者发行注册程序，理由正当且经上交所或者证监会批准。

（7）发行人注册申请文件中记载的财务资料已过有效期，需要补充提交。

（8）证监会规定的其他情形。

052. 终止发行上市审核程序或发行注册程序的情形有哪些？

答：存在下列情形之一的，上交所或者证监会应当终止相应发行上市审核程序或者发行注册程序，并向发行人说明理由。

（1）发行人撤回注册申请文件或者保荐人撤销保荐。

（2）发行人未在要求的期限内对注册申请文件作出解释说明或者补充、修改。

（3）注册申请文件存在虚假记载、误导性陈述或者重大遗漏。

（4）发行人阻碍或者拒绝证监会、上交所依法对其实施检查、核查。

（5）发行人及其关联方以不正当手段严重干扰发行上市审核或者发行注册工作。

（6）发行人的法人资格终止。

（7）注册申请文件内容存在重大缺陷，严重影响投资者理解和发行上市审核或者发行注册工作。

（8）发行人注册申请文件中记载的财务资料已过有效期且逾期3个月未更新。

（9）发行人中止发行上市审核程序超过上交所规定的时限或者中止发行注册程序超过3个月仍未恢复。

（10）上交所不同意发行人公开发行股票并上市。

（11）证监会规定的其他情形。

053. 什么是会后事项？

答：会后事项是指上交所受理发行上市申请后至股票上市交易前发生的重大事项。发行人及其保荐人应当及时向上交所报告会后事项，并按要求更新发行上市申请文件。发行人的保荐人、证券服务机构应当持续履行尽职调查职责，并向上交所提交专项核查意见。

具体程序如下：上市委员会审议会议后至股票上市交易前，发生重大事项，对发行人是否符合发行条件、上市条件或者信息披露要求产生重大影响的，发行上市审核机构经重新审核后决定是否重新提交上市委员会审议。重新提交上市委员会审议的，应当向证监会报告，并按照相关规定办理。

证监会作出注册决定后至股票上市交易前，发生重大事项，可能导致发行人不符合发行条件、上市条件或者信息披露要求的，发行人应当暂停发行。已经发行的，暂缓上市。上交所发现发行人存在上述情形的，有权要求发行人暂缓上市。

上交所经审核认为相关重大事项导致发行人不符合发行条件、上市条件或者信息披露要求的，将出具明确意见并向证监会报告。

054. 未通过审核或注册程序的企业何时可以再次报送申请材料？

答：上交所审核不通过而作出终止发行上市审核决定或者证监会作出不予注册决定的，自决定作出之日起6个月后，发行人方可再次向上交所提交发行上市申请。

055. 科创板预披露的要求是什么？

答：发行人申请在科创板首次公开发行股票，在提交申请文件后，应当按照规定预先披露有关申请文件，包括招股说明书、发行保荐书、上市保荐书、审计报告和法律意见书等。

发行人申请文件符合要求的，上交所作出予以受理的决定，出具受理通知。受理当日，发行人申请文件中的招股说明书、发行保荐书、上市保荐书、审计报告和法律意见书等文件应当在上交所网站预先披露。

上交所受理发行上市申请后至证监会作出注册决定前，发行人应当按照相关规定，对预先披露的招股说明书、发行保荐书、上市保荐书、审计报告和法律意见书等文件予以更新并披露。

依照前两款规定预先披露的招股说明书等文件不是发行人发行股票的正式文件，不能含有股票发行价格信息，发行人不得据此发行股票。

发行人应当在预先披露的招股说明书的显要位置声明："本公司的发行申请尚需经上海证券交易所和中国证监会履行相应程序。本招股说明书不具有据以发行股票的法律效力，仅供预先披露之用。投资者应当以正式公告的招股说明书作为投资决定的依据。"

发行人及其保荐人、证券服务机构应当按照上交所发行上市审核机构审核问询要求进行必要的补充调查和核查，及时、逐项回复上交所发行上市审核机构提出的审核问询，相应补充或者修改发行上市申请文件。发行人及其保荐人、证券服务机构对上交所发行上市审核机构审核问询的回复是发行上市申请文件的组成部分，发行人及其保荐人、证券服务机构应当保证回复的真实、准确、完整，上交所将及时在其网站向市场公开披露发行上市审核工作过程中的审核问询和发行人及其保荐人、证券服务机构的回复（涉及国家秘密或者发行人商业秘密的除外）。

056. 具有差异表决权安排的科创板公司如何进行信息披露？

答：存在特别表决权股份的境内科创企业申请首次公开发行股票并在科创板上市的，发行人应当在招股说明书等公开发行文件中，披露并特别提示差异表决权安排的主要内容、相关风险和对公司治理的影响，以及依法落实保护投资者合法权益的各项措施。

保荐人和发行人律师应当就公司章程规定的特别表决权股份的持有人资格、特别表决权股份拥有的表决权数量与普通股份拥有的表决权数量的比例安排、持有人所持特别表决权股份能够参与表决的股东大会事项范围、特别表决权股份锁定安排及转让限制等事项是否符合有关规定发表专业意见。

057. 企业在科创板上市过程中遇到问题时如何咨询监管机构？

答：在提交发行上市申请文件前，对于重大疑难、无先例事项等涉及上交所业务规则理解与适用的问题，发行人及保荐人可以通过上交所发行上市审核业务系统进行咨询。确需当面咨询的，可以通过上交所发行上市审核业务系统预约。

自发行上市申请受理之日起至首轮问询函发出前，上交所审核机构不接受保荐人通过系统提交的业务咨询和预约沟通申请。

保荐人在收到审核问询函后,对问询问题存在疑问的,可通过系统进行咨询沟通。保荐人应对咨询问题进行梳理汇总,一次性通过系统提交。确需当面沟通的,保荐人应提前汇总问题,通过系统提交预约沟通申请并上传具体问题内容。预约确认后,发行人及其保荐人、证券服务机构相关人员应按照约定时间抵达上交所指定地点,沟通人数一般不超过6人。

(二)上交所发行上市审核

058. 科创板的多元化上市标准有哪些?

答:为增强科创板的包容性,《上市规则》以市值为中心,结合净利润、营业收入、研发投入和经营活动产生的现金流量等财务指标,设置了多套上市标准。其中,第2.1.2条规定了通用上市标准,第2.1.3条规定了红筹企业适用的上市标准,第2.1.4条规定了具有差异表决权安排的发行人适用的上市标准。

发行人应当结合自身财务状况、公司治理特点、发展阶段及上市后的持续监管要求等因素,审慎选择适当的上市标准。根据《审核规则》的相关规定,发行人申请股票首次公开发行并在科创板上市的,应当在相关申请文件中明确说明所选择的一项具体上市标准,即《上市规则》第2.1.2条中规定的五项标准之一。红筹企业应选择第2.1.3条规定的标准之一。具有差异表决权安排的发行人应选择第2.1.4条规定的标准之一。

保荐机构应当为发行人选择适当的上市标准提供专业指导，审慎推荐，并在上市保荐书中就发行人选择的上市标准逐项说明适用理由，其中对预计市值指标，应当结合发行人报告期外部股权融资情况、可比公司在境内外市场的估值情况等进行说明。

059. 企业选择适用某一上市标准后还能申请变更吗？

答：可以。

科创板股票上市委员会召开审议会议前，发行人因更新财务报告等情形导致不再符合申报时选定的上市标准，需要变更为其他标准的，应当及时向上交所提出申请，说明原因并更新相关文件。不再符合任何一项上市标准的，可以撤回发行上市申请。

保荐机构应当核查发行人变更上市标准的理由是否充分，就发行人重新选择的上市标准逐项说明适用理由，并就发行人是否符合上市条件重新发表明确意见。

060. 尚未盈利或存在累计未弥补亏损情形的企业应披露哪些信息？

答：尚未盈利或存在累计未弥补亏损情形的企业应披露以下信息。

一是原因分析。尚未盈利或最近一期存在累计未弥补亏损的发行人，应结合行业特点分析并披露该等情形的成因。发行人还应说明尚未盈利或最近一期存在累计未弥补亏损是偶发性因素，还是经常性因素导致。

二是影响分析。发行人应充分披露尚未盈利或最近一期存在累计未弥补亏损对公司现金流、业务拓展、人才引进、团队稳定性、研发投入、战略性投入、生产经营可持续性等方面的影响。

三是趋势分析。尚未盈利的发行人应当披露未来是否可实现盈利的前瞻性信息，对其产品、服务或者业务的发展趋势、研发阶段及达到盈亏平衡状态时主要经营要素需要达到的水平进行预测，并披露相关假设基础。存在累计未弥补亏损的发行人应当分析并披露在上市后的变动趋势。披露前瞻性信息时应当声明其假设的数据基础及相关预测具有重大不确定性，提醒投资者进行投资决策时谨慎使用。

四是风险因素。尚未盈利或最近一期存在累计未弥补亏损的发行人，应充分披露相关风险因素，包括但不限于：未来一定期间无法盈利或无法进行利润分配的风险，收入无法按计划增长的风险，研发失败的风险，产品或服务无法得到客户认同的风险，资金状况、业务拓展、人才引进、团队稳定性、研发投入等方面受到限制或影响的风险等。未盈利状态持续存在或累计未弥补亏损继续扩大的，应分析触发退市条件的可能性，并充分披露相关风险。

五是投资者保护措施及承诺。尚未盈利或最近一期存在累计未弥补亏损的发行人，应当披露依法落实保护投资者合法权益规定的各项措施，还应披露本次发行前累计未弥补亏损是否由新老股东共同承担及已履行的决策程序。尚未盈利企业还应披露其控股股东、实际控制人和董事、监事、高级管理人员、核心技术人员按照相关规定作出的关于减持股份的特殊安排或承诺。

061. 如何理解科创板发行禁止性条件中的"重大违法行为"？

答：最近3年内，发行人及其控股股东、实际控制人在国家安全、公共安全、生态安全、生产安全、公众健康安全等领域，存在以下违法行为之一的，原则上视为重大违法行为：一是被处以罚款等处罚且情节严重；二是导致严重环境污染、重大人员伤亡、社会影响恶劣等。

有以下情形之一且中介机构出具明确核查结论的，可以不认定为重大违法行为：一是违法行为显著轻微，罚款数额较小；二是相关规定或处罚决定未认定该行为属于情节严重；三是有权机关证明该行为不属于重大违法。但违法行为导致严重环境污染、重大人员伤亡、社会影响恶劣等并被处以罚款等处罚的，不适用上述情形。

062. 如何理解科创板发行禁止性条件中的"重大不利影响"？

答：申请在科创板上市的企业，如存在同业竞争情形，在认定同业竞争是否构成重大不利影响时,保荐机构及发行人律师应结合竞争方与发行人的经营地域、产品或服务的定位,同业竞争是否会导致发行人与竞争方之间的非公平竞争、是否会导致发行人与竞争方之间存在利益输送、是否会导致发行人与竞争方之间相互或者单方让渡商业机会的情形,对未来发展的潜在影响等方面,核查并出具明确意见。竞争方的同类收入或毛利占发行人该类业务收入或毛利的比例达30%以上的,如无充分相反证据,原则上应认定为构成重大不利影响。

发行人应在招股说明书中披露以下内容:一是竞争方与发行人存在同业竞争的情况,二是保荐机构及发行人律师针对同业竞争是否对发行人构成重大不利影响的核查意见和认定依据。

063. 对控股股东、实际控制人位于国际避税区且持股层次复杂的科创板拟上市企业的核查有什么要求?

答:对于控股股东、实际控制人设立在国际避税区且持股层次复杂的科创板拟上市企业,保荐机构和发行人律师应当对拟上市企业设置此类架构的原因、合法性及合理性,持股的真实性,是否存在委托持股、信托持股,是否有各种影响控股权的约定,股东的出资来源等问题进行核查,说明拟上市企业控股股东和受控股股东、实际控制人支配的股东所持发行人的股份权属是否清晰,以及拟上市企业如何确保其公司治理和内控的有效性,并发表核查意见。

064. 如何理解科创板发行条件中的"最近2年内董事、高级管理人员及核心技术人员均没有发生重大不利变化"？

答：申请在科创板上市的企业，应当根据企业生产经营需要和相关人员对企业生产经营发挥的实际作用，确定核心技术人员范围，并在招股说明书中披露认定情况和认定依据。原则上，核心技术人员通常包括公司技术负责人、研发负责人、研发部门主要成员、主要知识产权和非专利技术的发明人或设计人、主要技术标准的起草者等。

对发行人的董事、高级管理人员及核心技术人员是否发生重大不利变化的认定，应当本着"实质重于形式"的原则，综合两个方面的因素分析：一是最近2年内的变动人数及比例，在计算人数比例时，以上述人员合计总数作为基数；二是上述人员离职或无法正常参与发行人的生产经营是否对发行人的生产经营产生重大不利影响。

变动后新增的上述人员来自原股东委派或发行人内部培养产生的，原则上不构成重大不利变化。发行人管理层因退休、调任等原因发生岗位变化的，原则上不构成重大不利变化，但发行人应当披露相关人员变动对公司生产经营的影响。

如果最近2年内发行人上述人员变动人数比例较大或上述人员中的核心人员发生变化，进而对发行人的生产经营产生重大不利影响的，应视为发生重大不利变化。

065. 科创板上市财务指标中的"研发投入"如何认定？

答：研发投入为企业研究开发活动形成的总支出。研发投入通常包括研发人员工资费用、直接投入费用、折旧费用与长期待摊费用、设计费用、装备调试费、无形资产摊销费用、委托外部研究开发费用、其他费用等。

本期研发投入为本期费用化的研发费用与本期资本化的开发支出之和。

066. 科创板对企业研发有哪些内控及信息披露要求？

答：发行人应制定并严格执行研发相关内控制度，明确研发支出的开支范围、标准、审批程序及研发支出资本化的起始时点、依据、内部控制流程；同时，应按照研发项目设立台账归集核算研发支出。发行人应审慎制定研发支出资本化的标准，并在报告期内保持一致。

发行人应在招股说明书中披露研发相关内控制度及其执行情况，并披露研发投入的确认依据和核算方法、最近三年研发投入的金额和明细构成、最近三年累计研发投入占最近三年累计营业收入的比例及其与同行业可比上市公司的对比情况。

067. 中介机构应如何核查科创板公司的研发情况？

答：保荐机构及申报会计师应对报告期内发行人的研发投入

归集是否准确、相关数据来源及计算是否合规进行核查，并发表核查意见。保荐机构及申报会计师应对发行人研发相关内控制度是否健全且被有效执行进行核查，就以下事项作出说明，并发表核查意见。

（1）发行人是否建立研发项目的跟踪管理系统，有效监控、记录各研发项目的进展情况，并合理评估技术上的可行性。

（2）是否建立与研发项目相对应的人财物管理机制。

（3）是否已明确研发支出开支范围和标准，并得到有效执行。

（4）报告期内是否严格按照研发开支用途、性质据实列支研发支出，是否存在将与研发无关的费用在研发支出中核算的情形。

（5）是否建立研发支出审批程序。

068. 科创板对企业的市值指标有哪些要求？

答：发行人在提交发行上市申请时，应当明确所选择的具体上市标准，保荐机构应当对发行人的市值进行预先评估，并在《关于发行人预计市值的分析报告》中充分说明发行人市值评估的依据、方法、结果及是否满足所选择上市标准中的市值指标的结论性意见等。保荐机构应当根据发行人特点、市场数据的可获得性及评估方法的可靠性等，谨慎、合理地选用评估方法，结合发行人报告期外部股权融资情况、可比公司在境内外市场的估值情况等进行综合判断。

在初步询价结束后，发行人预计发行后总市值不满足所选择的上市标准的，应当根据《上海证券交易所科创板股票发行与承销实施办法》（以下简称《发行承销实施办法》）的相关规定中止发行。对于预计发行后总市值与申报时市值评估结果存在重大差异的，保荐机构应当向上交所说明相关差异情况。上交所在对保荐机构执业质量进行评价时，将考量上述因素。

069. 上市审核中如何把握发行人是否符合科创板定位？

答：《审核规则》规定，上交所对发行上市进行审核。审核事项包括三个方面：一是发行人是否符合发行条件，二是发行人是否符合上市条件，三是发行人的信息披露是否符合要求。在对上述事项进行审核判断时，将关注发行人是否符合科创板定位。发行人应当对其是否符合科创板定位进行审慎评估，保荐机构应当就发行人是否符合科创板定位进行专业判断。

（1）发行人自我评估的考虑因素。发行人进行自我评估时，应当尊重科技创新规律、资本市场规律和企业发展规律，并结合自身和行业科技创新实际情况，准确理解、把握科创板定位，重点考虑以下因素：①所处行业及其技术发展趋势与国家战略的匹配程度。②企业拥有的核心技术在境内与境外发展水平中所处的位置。③核心竞争力及其科技创新水平的具体表征，如获得的专业资质和重要奖项、核心技术人员的科研能力、科研资金的投入情况、取得的研发进展及其成果等。④保持技术不断创新的机制、技术储备及技术创新的具体安排。⑤依靠核心技术开展生产经营的实际情况等。

（2）对保荐机构的相关要求。保荐机构应当根据《上市推荐指引》的相关要求，围绕科创板定位，对发行人自我评估涉及的相关事项进行核查，并结合尽职调查取得的充分证据、资料等，对其是否符合科创板定位作出专业判断，出具专项意见，说明理由和依据、具体的核查内容、核查过程等，并在上市保荐书中简要说明核查结论及依据。

（3）上交所审核中予以关注。在审核问询中，上交所发行上市审核机构将关注发行人的评估是否客观、保荐人的判断是否合理。根据需要，可以向科技创新咨询委员会提出咨询，将其作出的咨询意见作为审核参考。

070. 如何核查发行人"主要依靠核心技术开展生产经营"？

答：主要依靠核心技术开展生产经营，是指发行人的主要经营成果来源于依托核心技术的产品（服务）。一是发行人能够坚持科技创新，通过持续的研发投入积累形成核心技术。二是发行人主要的生产经营能够以核心技术为基础，将核心技术进行成果转化，形成基于核心技术的产品（服务）。如果企业核心技术处于研发阶段，其主要研发投入均应当围绕该核心技术及其相关的产品（服务）。三是核心技术的判断主要结合发行人所处行业的国家科技发展战略和政策、整体技术水平、国内外科技发展水平和趋势等因素综合判断。

保荐机构应结合发行人所处的行业、技术水平和产业应用前景，重点核查以下事项：（1）发行人的研发投入是否主要围绕核心技术及其相关产品（服务）。（2）发行人营业收入是否主要来源于依托核心技术的产品（服务）、营业收入中是否存在较多的与核心技术不具有相关性的贸易等收入、核心技术能否支持公司的持续成长。（3）发行人核心技术产品（服务）收入的主要内容和计算方法是否适当、是否为偶发性收入、是否来源于显失公平的关联交易。（4）其他对发行人利用核心技术开展生产经营活动产生影响的情形。

保荐机构应当就发行人是否"主要依靠核心技术开展生产经营"发表明确意见。保荐机构在全面核查并发表明确核查意见的基础上，应审慎选择并推荐符合科创板定位的企业上市，督促发行人做好相关信息披露和风险揭示。

071. 对首发申报前已经实施员工持股计划的公司上市有什么要求？

答：发行人首发申报前实施员工持股计划的，应当体现增强公司凝聚力、维护公司长期稳定发展的导向，建立健全激励约束长效机制，有利于兼顾员工与公司长远利益，为公司持续发展夯实基础。原则上应当符合下列要求。

（1）发行人实施员工持股计划，应当严格按照法律法规、规章及规范性文件要求履行决策程序，并遵循公司自主决定、员工自愿参加的原则，不得以摊派、强行分配等方式强制实施员工持股计划。

（2）参与持股计划的员工，与其他投资者权益平等、盈亏自负、风险自担，不得利用知悉公司相关信息的优势，侵害其他投资者合法权益。

员工入股应主要以货币出资，并按约定及时足额缴纳。按照国家有关法律法规，员工以科技成果出资入股的，应提供所有权属证明并依法评估作价，及时办理财产权转移手续。

（3）发行人实施员工持股计划，可以通过公司、合伙企业、资产管理计划等持股平台间接持股，并建立健全持股在平台内部的流转、退出机制，以及股权管理机制。

参与持股计划的员工因离职、退休、死亡等原因离开公司的，其间接所持股份权益应当按照员工持股计划的章程或相关协议约定的方式处置。

072. 什么是员工持股计划穿透计算的"闭环原则"？有什么信息披露和核查需求？

答：员工持股计划符合下列要求之一的，在计算公司股东人数时，按一名股东计算。不符合下列要求的，在计算公司股东人数时，穿透计算持股计划的权益持有人数。

（1）员工持股计划遵循"闭环原则"。员工持股计划不在公司首次公开发行股票时转让股份，并承诺自上市之日起至少36个月的锁定期。发行人上市前及上市后的锁定期内，员工所持相关权益拟转让退出的，只能向员工持股计划内员工或其他符合条件的员工转让。锁定期后，员工所持相关权益拟转让退出的，按照员工持股计划章程或有关协议的约定处理。

（2）员工持股计划未按照"闭环原则"运行的，员工持股计划应由公司员工持有，依法设立、规范运行，且已经在基金业协会依法依规备案。

发行人应在招股说明书中充分披露员工持股计划的人员构成、是否遵循"闭环原则"、是否履行登记备案程序、股份锁定期等内容。

保荐机构及发行人律师应当对员工持股计划是否遵循"闭环原则"、具体人员构成、员工减持承诺情况、规范运行情况及备案情况进行充分核查，并发表明确核查意见。

073. 首发申报前已制定期权激励计划并准备在上市后实施的企业应符合什么要求？

答：发行人存在首发申报前制定、上市后实施的期权激励计划的，应体现增强公司凝聚力、维护公司长期稳定发展的导向。原则上应符合下列要求。

（1）激励对象应当符合《上市规则》第10.4条相关规定。

（2）激励计划的必备内容与基本要求、激励工具的定义与权利限制、行权安排、回购或终止行权、实施程序等内容，应参考《上市公司股权激励管理办法》的相关规定予以执行。

（3）期权的行权价格由股东自行商定，但原则上不应低于最近一年经审计的净资产或评估值。

（4）发行人全部在有效期内的期权激励计划所对应股票数量占上市前总股本的比例原则上不得超过15%，且不得设置预留权益。

（5）在审期间，发行人不应新增期权激励计划，相关激励对象不得行权。

（6）在制定期权激励计划时应充分考虑实际控制人的稳定性，避免上市后期权行权导致实际控制人发生变化。

（7）激励对象在发行人上市后行权认购的股票，应承诺自行权日起三年内不减持，同时承诺上述期限届满后比照董事、监事及高级管理人员的相关减持规定执行。

074. 对首发申报前已制定期权激励计划并准备在上市后实施的企业有什么信息披露和核查要求？

答：（1）发行人信息披露要求。发行人应在招股说明书中充分披露期权激励计划的有关信息，包括：①期权激励计划的基本内容、制定计划履行的决策程序、目前的执行情况。

②期权行权价格的确定原则，以及和最近一年经审计的净资产或评估值的差异与原因。③期权激励计划对公司经营状况、财务状况、控制权变化等方面的影响。④涉及股份支付费用的会计处理等。

（2）中介机构核查要求。保荐机构及申报会计师应对下述事项进行核查并发表核查意见：①期权激励计划的制定和执行情况是否符合以上要求。②发行人是否在招股说明书中充分披露期权激励计划的有关信息。③股份支付相关权益工具公允价值的计量方法及结果是否合理。④发行人报告期内股份支付相关会计处理是否符合《企业会计准则》相关规定。

075. 对变更为股份有限公司时存在累计未弥补亏损的企业有什么信息披露和核查要求？

答：部分科创企业因前期技术研发、市场培育等方面投入较大，在有限责任公司整体变更为股份有限公司前，存在累计未弥补亏损。此类发行人可以依照发起人协议，履行董事会、股东会等内部决策程序后，以不高于净资产金额折股，通过整体变更设立股份有限公司方式解决以前累计未弥补亏损，持续经营时间可以从有限责任公司成立之日起计算。整体变更存在累计未弥补亏损，或者因会计差错更正追溯调整报表而致使整体变更时存在累计未弥补亏损的，发行人可以在完成整体变更的工商登记注册后提交发行上市申请文件，不受运行36个月的限制。

发行人应在招股说明书中充分披露其由有限责任公司整体变更为股份有限公司的基准日未分配利润为负的形成原因、该情形是否已消除、整体变更后的变化情况和发展趋势、与报告期内盈利水平变动的匹配关系、对未来盈利能力的影响、整体变更的具体方案及相应的会计处理与整改措施（如有），并充分揭示相关风险。

保荐机构及发行人律师应对下述事项进行核查并发表核查意见：整体变更相关事项是否经董事会、股东会表决通过，相关程序是否合法合规，改制中是否存在侵害债权人合法权益情形，是否与债权人存在纠纷，是否已完成工商登记注册和税务登记相关程序，整体变更相关事项是否符合《公司法》等法律法规规定。

076. 对存在研发支出资本化情形的企业有什么会计处理要求？

答： 发行人内部研究开发项目的支出，应按照《企业会计准则——基本准则》《企业会计准则第6号——无形资产》等相关规定进行确认和计量。研究阶段的支出，应于发生时计入当期损益。开发阶段的支出，应按规定在同时满足会计准则列明的条件时，才能确认为无形资产。在初始确认和计量时，发行人应结合研发支出资本化相关内控制度的健全性和有效性，对照会计准则规定的相关条件，逐条具体分析进行资本化的开发支出是否同时满足上述条件。在后续计量时，相关无形资产的预计使用寿命和摊销方法应符合会计准则规定，按规定进行减值测试并足额计提减值准备。

077. 对存在研发支出资本化情形的企业有什么信息披露和核查要求？

答：（1）发行人信息披露要求。发行人应在招股说明书中披露以下信息：①与资本化相关研发项目的研究内容、进度、成果、完成时间（或预计完成时间）、经济利益产生方式（或预计产生方式）、当期和累计资本化金额、主要支出构成，以及资本化的起始时点和确定依据等内容。②与研发支出资本化相关的无形资产的预计使用寿命、摊销方法、减值等情况，并说明是否符合相关规定。③发行人还应结合研发项目推进和研究成果运用时可能发生的内外部不利变化、与研发支出资本化相关的无形资产规模等因素，充分披露相关无形资产的减值风险及其对公司未来业绩可能产生的不利影响。

（2）中介机构核查要求。保荐机构及申报会计师应关注以下事项，并对发行人研发支出资本化相关会计处理的合规性、谨慎性和一贯性发表核查意见：①研究阶段和开发阶段的划分是否合理，是否与研发活动的流程相联系，是否遵循了正常研发活动的周期及行业惯例并一贯运用，研究阶段与开发阶段划分的依据是否完整、准确披露。②研发支出资本化的条件是否均已满足，是否具有内外部证据支持。重点从技术上的可行性，预期产生经济利益的方式，技术、财务资源和其他资源的支持等方面进行关注。③研发支出的成本费用归集范围是否恰当，研发支出的发生是否真实，是否与相关研发活动切实相关，是否存在为申请高新技术企业认定及企业所得税费用加计扣除目的虚增研发支出的情形。④研发支出资本化的会计处理与可比公司是否存在重大差异。

078. 科研项目涉及政府补助的拟发行企业需要符合哪些特殊要求？

答：发行人科研项目涉及相关政府补助的，应当符合以下要求。

（1）会计处理要求。发行人将科研项目政府补助计入当期收益的，应结合补助条件、形式、金额、时间及补助与公司日常活动的相关性等，说明相关会计处理是否符合《企业会计准则第16号——政府补助》的规定。

（2）非经常性损益列报要求。发行人应结合所承担科研项目是否符合国家科技创新发展规划、相关政府补助的会计处理方法、补助与公司正常经营业务的相关性、补助是否具有持续性等，说明将政府补助相关收益列入经常性损益而未列入非经常性损益是否符合《公开发行证券的公司信息披露解释性公告第1号——非经常性损益》的规定。

（3）发行人信息披露要求。发行人应结合国家科技创新发展规划以及公司所承担科研项目的内容、技术创新水平、申报程序、评审程序、实施周期和补助资金来源等，说明所承担的科研项目是否符合国家科技创新发展规划。

发行人应在招股说明书中披露所承担科研项目的名称、项目类别、实施周期、总预算及其中的财政预算金额、计入当期收益和经常性损益的政府补助金额等内容。

（4）中介机构核查要求。保荐机构及申报会计师应对发行人的上述事项进行核查，并对发行人政府补助相关会计处理和非经常性损益列报的合规性发表核查意见。

079. 提交信息豁免披露申请的内容和要求是什么？

答：发行人有充分依据证明拟披露的某些信息涉及国家秘密、商业秘密的，发行人及其保荐机构应当在提交发行上市申请文件或问询回复时，一并提交关于信息豁免披露的申请文件（以下简称豁免申请）。

（1）豁免申请的内容。发行人应在豁免申请中逐项说明需要豁免披露的信息，认定国家秘密或商业秘密的依据和理由，并说明相关信息披露文件是否符合招股说明书准则及相关规定要求，豁免披露后的信息是否对投资者决策判断构成重大障碍。

（2）涉及国家秘密的要求。发行人从事军工等涉及国家秘密业务的，应当符合以下要求：①提供国家主管部门关于发行人申请豁免披露的信息为涉密信息的认定文件。②提供发行人全体董事、监事、高级管理人员出具的关于首次公开发行股票并上市的申请文件不存在泄密事项且能够持续履行保密义务的声明。③提供发行人控股股东、实际控制人对其已履行和能够持续履行相关保密义务的承诺文件。④在豁免申请中说明相关信息披露文件是否符合《军工企业对外融资特殊财务信息披露管理暂行办法》及有关保密规定。⑤说明内部保密制度的制定和执行情况，是否符合《保密法》等法律法规的规定，是否存在因违反保密规定受到处罚的情形。⑥说明中介机构是否根据国防科工局《军工涉密业务咨询服务安全保密监督管理办法》取得军工企业服务资质。⑦对审核中提出的信息豁免披露或调整意见，发行人应相应回复、补充相关文件的内容，有实质性增减的，应当说明调整后的内容是否符合相关规定、是否存在泄密风险。

（3）涉及商业秘密的要求。发行人因涉及商业秘密提出豁免申请的，应当符合以下要求：①发行人应当建立相应的内部管理制度，并明确相关内部审核程序，审慎认定信息豁免披露事项。②发行人的董事长应当在豁免申请文件中签字确认。③豁免披露的信息应当尚未泄露。

（4）中介机构核查要求。保荐机构及发行人律师应当对发行人信息豁免披露符合相关规定、不影响投资者决策判断、不存在泄密风险出具专项核查报告。

申报会计师应当对发行人审计范围是否受到限制、审计证据的充分性、豁免披露相关信息是否影响投资者决策判断出具核查报告。

080. 对历史上存在工会、职工持股会持股或自然人股东人数较多等情形的企业有什么规范要求？

答：（1）工会及职工持股会持股的规范要求。考虑到发行条件对发行人控股权权属清晰的要求，发行人控股股东或实际控制人存在职工持股会或工会持股情形的，应当予以清理。

对于间接股东存在职工持股会或工会持股情形的，如不涉及发行人实际控制人控制的各级主体，发行人不需要清理，但应予以充分披露。

对于工会或职工持股会持有发行人子公司股份，经保荐机构、发行人律师核查后认为不构成发行人重大违法违规的，发行人不需要清理，但应予以充分披露。

（2）自然人股东人数较多的规范要求。对于历史沿革涉及较多自然人股东的发行人，保荐机构、发行人律师应当核查历史上自然人股东入股、退股（含工会、职工持股会清理等事项）是否按照当时有效的法律法规履行了相应程序，入股或股权转让协议、款项收付凭证、工商登记资料等法律文件是否齐备，并抽取一定比例的股东进行访谈，就相关自然人股东股权变动的真实性、所履行程序的合法性、是否存在委托持股或信托持股情形、是否存在争议或潜在纠纷发表明确意见。对于存在争议或潜在纠纷的，保荐机构、发行人律师应就相关纠纷对发行人控股权权属清晰稳定的影响发表明确意见。发行人以定向募集方式设立股份公司的，中介机构应以有权部门就发行人历史沿革的合规性、是否存在争议或潜在纠纷等事项的意见作为其发表意见的依据。

081. 发行人申报前后新增的股东须遵守哪些信息披露和股份锁定要求？

答：（1）申报前新增股东。对IPO前通过增资或股权转让产生的股东，保荐机构、发行人律师应主要考察申报前一年新增的股东，全面核查发行人新股东的基本情况，产生新股东的原因，股权转让或增资的价格及定价依据，有关股权变动是否是双方真实意思表示、是否存在争议或潜在纠纷，新股东与发行人其他股东、董事、监事、高级管理人员、本次发行中介机构负责人及其签字人员是否存在亲属关系、关联关系、委托持股、信托持股或其他利益输送安排，新股东是否具备法律法规规定的股东资格。发行人除满足招股说明书信息披露准则的要求外，如新股东为法人，应披露其股权结构及实际控制人；如为自然人，应披露其基本信息；如为合伙企业，应披露合伙企业的基本情况及普通合伙人的基本信息。最近一年末资产负债表日后增资扩股引入新股东的，申报前须增加一期审计。

股份锁定方面，控股股东和实际控制人持有的股份上市后锁定3年。申报前6个月内进行增资扩股的，新增股份的持有人应当承诺：新增股份自发行人完成增资扩股工商变更登记手续之日起锁定3年。在申报前6个月内从控股股东或实际控制人处受让的股份，应比照控股股东或实际控制人所持股份进行锁定。控股股东和实际控制人的亲属所持股份应比照该股东本人进行锁定。

（2）申报后新增股东。申报后，通过增资或股权转让产生新股东的，原则上发行人应当撤回发行上市申请，重新申报；但股权变动未造成实际控制人变更，未对发行人控股权的稳定性和持续经营能力造成不利影响，且符合下列情形的除外：新股东产生系因继承、离婚、执行法院判决或仲裁裁决、执行国家法规政策要求或由省级及以上人民政府主导，且新股东承诺其所持股份上市后36个月之内不转让、不上市交易（继承、离婚原因除外）。在核查和信息披露方面，发行人申报后产生新股东且符合上述要求无须重新申报的，应比照申报前一年新增股东的核查和信息披露要求处理。除此之外，保荐机构和发行人律师还应对股权转让事项是否造成发行人实际控制人变更、是否对发行人控股权的稳定性和持续经营能力造成不利影响进行核查并发表意见。

082. 对历史上存在出资瑕疵或者改制瑕疵的发行人应重点核查哪些内容？

答：保荐机构和发行人律师应关注发行人历史上是否存在股东未全面履行出资义务、抽逃出资、出资方式等出资瑕疵，或者存在涉及国有企业、集体企业改制瑕疵的情形。

（1）历史上存在出资瑕疵的，应当在申报前依法采取补救措施。保荐机构和发行人律师应当对出资瑕疵事项的影响及发行人或相关股东是否因出资瑕疵受到过行政处罚、是否构成重大违法行为及本次发行的法律障碍、是否存在纠纷或潜在纠纷进行核查并发表明确意见。发行人应当充分披露存在的出资瑕疵事项、采取的补救措施，以及中介机构的核查意见。

（2）历史上存在改制瑕疵的，对于发行人是国有企业、集体企业改制而来的或历史上存在挂靠集体组织经营的企业，若改制过程中法律依据不明确、相关程序存在瑕疵，或与有关法律法规存在明显冲突，原则上发行人应在招股说明书中披露有权部门关于改制程序的合法性、是否造成国有或集体资产流失的意见。国有企业、集体企业改制过程不存在上述情况的，保荐机构、发行人律师应结合当时有效的法律法规等，分析说明有关改制行为是否经有权部门批准、法律依据是否充分、履行的程序是否合法及对发行人的影响等。发行人应在招股说明书中披露相关中介机构的核查意见。

083. 对部分资产来自上市公司的发行人保荐机构和发行人律师应关注哪些核查要点？

答：如发行人部分资产来自上市公司，保荐机构和发行人律师应当针对以下事项进行核查并发表意见。

（1）发行人取得上市公司资产的背景、所履行的决策程序和审批程序与信息披露情况，是否符合法律法规、交易双方公司章程及证监会和上交所有关上市公司监管和信息披露的要求，是否存在争议或潜在纠纷。

（2）发行人及其关联方的董事、监事和高级管理人员在上市公司及其控制公司的历史任职情况及合法合规性，是否存在违反竞业禁止义务的情形。上述资产转让时，发行人的董事、监事和高级管理人员在上市公司的任职情况，与上市公司及其董事、监事和高级管理人员是否存在亲属及其他密切关系。如存在上述关系，在相关决策程序履行过程中，上述人员是否回避表决或采取保护非关联股东利益的有效措施。

（3）资产转让完成后，发行人及其关联方与上市公司之间是否就上述转让资产存在纠纷或诉讼。

（4）发行人及其关联方的董事、监事、高级管理人员及上市公司在转让上述资产时是否存在损害上市公司及其中小投资者合法利益的情形。

（5）发行人来自上市公司的资产置入发行人的时间、在发行人资产中的占比情况、对发行人生产经营的作用。

（6）境内外上市公司分拆子公司在科创板上市，是否符合相关规定。

084. 如何认定实际控制人？

答：（1）实际控制人认定的基本要求。实际控制人是拥有公司控制权的主体。在确定公司控制权归属时，应当本着实事求是的原则，尊重企业的实际情况，以发行人自身的认定为主，由发行人股东予以确认。保荐机构、发行人律师应通过对公司章程、协议或其他安排，以及发行人股东大会（股东出席会议情况、表决过程、审议结果、董事提名和任命等）、董事会（重大决策的提议和表决过程等）、监事会及发行人经营管理的实际运作情况的核查，对实际控制人认定发表明确意见。

发行人股权较为分散但存在单一股东控制比例达到30%的情形的，若无相反的证据，原则上应将该股东认定为控股股东或实际控制人。存在下列情形之一的，保荐机构应进一步说明是否通过实际控制人认定而规避发行条件或监管，并发表专项意见：①公司认定存在实际控制人，但其他股东持股比例较高，与实际控制人持股比例接近，且该股东控制的企业与发行人之间存在竞争或潜在竞争的。②第一大股东持股接近30%，其他股东比例不高且较为分散，公司认定无实际控制人的。

（2）共同实际控制人。法定或约定形成的一致行动关系并不必然导致多人共同拥有公司控制权的情况，发行人及中介机构不应为扩大履行实际控制人义务的主体范围或满足发行条件而作出违背事实的认定。通过一致行动协议主张共同控制，无合理理由的（如第一大股东为纯财务投资人），一般不能排除第一大股东为共同控制人。实际控制人的配偶、直系亲属，如其持有公司股份达到5%以上，或者虽未超过

5%但是担任公司董事、高级管理人员并在公司经营决策中发挥重要作用,除非有相反证据,原则上应认定为共同实际控制人。

共同实际控制人签署一致行动协议的,应当在协议中明确发生意见分歧或纠纷时的解决机制。对于作为实际控制人亲属的股东所持的股份,应当比照实际控制人自发行人上市之日起锁定36个月。保荐机构及发行人律师应重点关注最近2年内公司控制权是否发生变化,存在为满足发行条件而调整实际控制人认定范围嫌疑的,应从严把握,审慎进行核查及信息披露。

(3)实际控制人变动的特殊情形。实际控制人为单名自然人或有亲属关系的多名自然人,实际控制人去世导致股权变动,股权受让人为继承人的,通常不视为公司控制权发生变更。其他多名自然人为实际控制人,实际控制人之一去世的,保荐机构及发行人律师应结合股权结构、去世自然人在股东大会或董事会决策中的作用、对发行人持续经营的影响等因素综合判断。

(4)实际控制人认定中涉及股权代持情形的处理。实际控制人认定中涉及股权代持情形的,发行人、相关股东应说明存在代持的原因,并提供支持性证据。对于存在代持关系但不影响发行条件的,发行人应在招股说明书中如实披露,保荐机构、发行人律师应出具明确的核查意见。如经查实,股东之间知晓代持关系的存在,且对代持关系没有异议、代持的股东之间没有纠纷和争议，则应将代持股份还原至实际持有人。发行人及中介机构通常不应以股东间存在代持关系为由，认定公司控制权未发生变动。对于以表决权让与协议、一致行动协议等方式认定实际控制人的，比照代持关系进行处理。

085. 对没有或难以认定实际控制人的发行人股东所持股票有哪些锁定要求？

答：根据《上市规则》的有关规定，发行人控股股东和实际控制人所持股份自发行人股票上市之日起36个月内不得转让。对于发行人没有或难以认定实际控制人的，为确保发行人股权结构稳定、正常生产经营不因发行人控制权发生变化而受到影响，要求发行人的股东按持股比例从高到低依次承诺其所持股份自上市之日起锁定36个月，直至锁定股份的总数不低于发行前A股股份总数的51%。

位列上述应予以锁定51%股份范围的股东，符合下列情形之一的，不适用上述锁定36个月的规定：（1）员工持股计划；（2）持股5%以下的股东；（3）非发行人第一大股东且符合一定条件的创业投资基金股东。其中，"符合一定条件的创业投资基金股东"是指符合《私募基金监管问答——关于首发企业中创业投资基金股东的认定标准》的创业投资基金。

对于存在刻意规避股份限售期要求的，上交所将按照实质重于形式的原则，要求相关股东参照控股股东、实际控制人的限售期进行股份锁定。

086. 对发行人租赁或授权使用控股股东、实际控制人的房产、专利技术等情况如何进行核查？

答： 发行人存在从控股股东、实际控制人租赁或授权使用资产的，包括以下两种情况，中介机构应当予以关注。一是生产型企业的发行人，其生产经营所必需的主要厂房、机器设备等固定资产系向控股股东、实际控制人租赁使用；二是发行人的核心商标、专利、主要技术等无形资产是由控股股东、实际控制人授权使用。

中介机构应结合相关资产的具体用途、对发行人的重要程度、未投入发行人的原因、租赁或授权使用费用的公允性、是否能确保发行人长期使用、今后的处置方案等，充分论证该等情况是否对发行人资产完整和独立性构成重大不利影响，督促发行人做好信息披露和风险揭示，并就发行人是否符合科创板发行条件审慎发表意见。

087. 对经营中与控股股东、实际控制人或董事、监事、高级管理人员及其亲属存在相关共同投资行为的发行人如何进行信息披露及核查？

答： 发行人如存在与其控股股东、实际控制人、董事、监事、高级管理人员及其亲属直接或者间接共同设立公司的情形，发行人及中介机构应主要披露及核查以下事项。

（1）发行人应当披露相关公司的基本情况，包括但不限于公司名称、成立时间、注册资本、住所、经营范围、股权结构、最近一年又一期主要财务数据及简要历史沿革。

（2）中介机构应当核查发行人与上述主体共同设立公司的背景、原因和必要性，说明发行人出资是否合法合规、出资价格是否公允。

（3）发行人与共同设立的公司存在业务或资金往来的，还应当披露相关交易的交易内容、交易金额、交易背景及相关交易与发行人主营业务之间的关系。中介机构应当核查相关交易的真实性、合法性、必要性、合理性及公允性，以及是否存在损害发行人利益的行为。

（4）如公司共同投资方为董事、高级管理人员及其近亲属，中介机构应核查说明公司是否符合《公司法》第一百四十八条规定，即董事、高级管理人员未经股东会或者股东大会同意，不得利用职务便利为自己或者他人谋取属于公司的商业机会，自营或者为他人经营与所任职公司同类的业务。

088. 对存在"三类股东"的发行人如何进行信息披露及核查？

答：发行人在全国股份转让系统挂牌期间形成契约型基金、信托计划、资产管理计划"三类股东"持有发行人股份的，中介机构和发行人应从以下方面核查披露相关信息。

（1）核查确认公司控股股东、实际控制人、第一大股东不属于"三类股东"。

（2）中介机构应核查确认发行人的"三类股东"依法设立并有效存续，已纳入国家金融监管部门的有效监管，并已按照规定履行审批、备案或报告程序，其管理人也已依法注册登记。

（3）发行人应根据《关于规范金融机构资产管理业务的指导意见》(银发〔2018〕106号)披露"三类股东"相关过渡期安排，以及相关事项对发行人持续经营的影响。中介机构应当对前述事项进行核查并发表明确意见。

（4）发行人应当按照要求对"三类股东"进行信息披露。保荐机构及律师应对控股股东、实际控制人，董事、监事、高级管理人员及其近亲属，本次发行的中介机构及其签字人员是否直接或间接在"三类股东"中持有权益进行核查并发表明确意见。

（5）中介机构应核查确认"三类股东"已作出合理安排，可确保符合现行锁定期和减持规则要求。

089. 如何把握投资机构与发行人约定对赌协议的情形？

答：PE、VC等机构在投资时约定估值调整机制（一般称为对赌协议）情形的，原则上要求发行人在申报前清理对赌协议，但同时满足以下要求的对赌协议可以不清理：一是发行人不作为对赌协议当事人，二是对赌协议不存在可能导致公司控制权变化的约定，三是对赌协议不与市值挂钩，四是对赌协议不存在严重影响发行人持续经营能力或者其他严重影响投资者权益的情形。保荐人及发行人律师应当就对赌协议是否符合上述要求发表专项核查意见。

发行人应当在招股说明书中披露对赌协议的具体内容、对发行人可能存在的影响等，并进行风险提示。

090. 如何认定合并各方在同一控制下？

答：企业合并过程中，对于同一控制下的企业合并，发行人应严格遵守相关会计准则规定，详细披露合并范围及相关依据，对特殊合并事项予以重点说明。

（1）发行人企业合并行为应按照《企业会计准则第20号——企业合并》的相关规定进行处理。其中，同一控制下的企业合并，参与合并的企业在合并前后均受同一方或相同的多方最终控制且该控制并非暂时性的。

根据《〈企业会计准则第20号——企业合并〉应用指南》的解释，"同一方"是指对参与合并的企业在合并前后均实施最终控制的投资者。"相同的多方"通常是指根据投资者之间的协议约定，在对被投资单位的生产经营决策行使表决权时发表一致意见的两个或两个以上的投资者。"控制并非暂时性"是指参与合并的各方在合并前后较长的时间内受同一方或相同的多方最终控制。较长的时间通常指一年（含）以上。

（2）根据《企业会计准则实施问题专家工作组意见第1号》的解释，通常情况下，同一控制下的企业合并是指发生在同一企业集团内部企业之间的合并。除此之外，一般不作为同一控制下的企业合并。

（3）在对参与合并企业在合并前控制权归属的认定中，如存在委托持股、代持股份、协议控制（VIE模式）等特殊情形，发行人应提供与控制权实际归属认定相关的充分事实证据和合理性依据，中介机构应对该等特殊控制权归属认定事项的真实性、证据充分性、依据合规性等予以审慎判断、妥善处理和重点关注。

091. 对存在协议控制或类似特殊安排的红筹企业如何披露合并报表信息及核查？

答：《企业会计准则第33号——合并财务报表》第七条规定"合并财务报表的合并范围应当以控制为基础确定"，第八条规定"投资方应在综合考虑所有相关事实和情况的基础上对是否控制被投资方进行判断"。部分按相关规定申请科创板发行上市的红筹企业，如存在协议控制架构或类似特殊安排，将不具有持股关系的主体（以下简称被合并主体）纳入合并财务报表合并范围，在此情况下，发行人应做好以下工作。

（1）充分披露协议控制架构的具体安排，包括协议控制架构涉及的各方法律主体的基本情况、主要合同的核心条款等。

（2）分析披露被合并主体设立目的、被合并主体的相关活动及如何对相关活动作出决策、发行人享有的权利是否使其目前有能力主导被合并主体的相关活动、发行人是否通过参与被合并主体相关活动而享有可变回报、发行人是否有能力运用对被合并主体的权利影响其回报金额、投资方与其他各方的关系。

（3）结合上述情况和会计准则规定，分析披露发行人合并依据是否充分，详细披露合并报表编制方法。

保荐机构及申报会计师应对上述情况进行核查，就合并报表编制是否合规发表明确意见。

092. 对客户集中度较高的发行人应重点核查哪些内容？

答：发行人存在客户集中度较高情形的，保荐机构应重点关注该情形的合理性、客户的稳定性和业务的持续性，督促发行人做好信息披露和风险揭示。

对于非行业特殊性、行业普遍性导致客户集中度偏高的，保荐机构在执业过程中，应充分考虑该单一大客户是否为关联方或者存在重大不确定性客户，该集中是否可能导致其未来持续经营能力存在重大不确定性。

对于发行人下游客户的行业分布集中而导致的客户集中

具备合理性的特殊行业（如电力、电网、电信、石油、银行、军工等行业），发行人应与同行业可比上市公司进行比较，充分说明客户集中是否符合行业特性，发行人与客户的合作关系是否具有一定的历史基础，是否有充分的证据表明发行人采用公开、公平的手段或方式独立获取业务，相关的业务是否具有稳定性及可持续性，并予以充分的信息披露。

针对上述特殊行业分布或行业产业链关系导致发行人客户集中的情况，保荐机构应当综合分析考量以下因素的影响：一是发行人客户集中的原因，与行业经营特点是否一致，是否存在下游行业较为分散而发行人自身客户较为集中的情况及其合理性。二是发行人客户在其行业中的地位、透明度与经营状况，是否存在重大不确定性风险。三是发行人与客户合作的历史、业务稳定性及可持续性、相关交易的定价原则及公允性。四是发行人与重大客户是否存在关联关系、发行人的业务获取方式是否影响独立性、发行人是否具备独立面向市场获取业务的能力。

保荐机构如发表意见认为发行人客户集中不会对持续经营能力构成重大不利影响的，应当提供充分的依据说明上述客户本身不存在重大不确定性，发行人已与其建立长期稳定的合作关系，客户集中具有行业普遍性，发行人在客户稳定性与业务持续性方面没有重大风险。发行人应在招股说明书中披露上述情况，充分揭示客户集中度较高可能带来的风险。

093. 影响发行人持续经营能力的重要情形有哪些？

答：影响发行人持续经营能力的重要情形包括以下几种。

（1）发行人所处行业受国家政策限制或国际贸易条件影响，存在重大不利变化风险。

（2）发行人所处行业出现周期性衰退、产能过剩、市场容量骤减、增长停滞等情况。

（3）发行人所处行业准入门槛低、竞争激烈，相比竞争者，发行人在技术、资金、规模效应等方面不具有明显优势。

（4）发行人所处行业上下游供求关系发生重大变化，导致原材料采购价格或产品售价出现重大不利变化。

（5）发行人业务转型的负面影响导致营业收入、毛利率、成本费用及盈利水平出现重大不利变化，且最近一期经营业绩尚未出现明显好转趋势。

（6）发行人重要客户本身发生重大不利变化，进而对发行人业务的稳定性和持续性产生重大不利影响。

（7）发行人工艺过时、产品落后、技术更迭、研发失败等导致市场占有率持续下降、重要资产或主要生产线出现重大减值风险、主要业务停滞或萎缩。

（8）发行人多项业务数据和财务指标呈现恶化趋势，短期内没有好转迹象。

（9）对发行人业务经营或收入实现有重大影响的商标、专利、专有技术以及特许经营权等重要资产或技术存在重大纠纷或诉讼，已经或者未来将对发行人财务状况或经营成果产生重大影响。

（10）其他明显影响或丧失持续经营能力的情形。

保荐机构和申报会计师应详细分析和评估上述情形的具体表现、影响程度和预期结果，综合判断是否对发行人持续经营能力构成重大不利影响，审慎发表明确的核查意见，并督促发行人充分披露可能存在的持续经营风险。

094. 如何规范和核查报告期内发行人存在的财务内控不规范情形？

答：部分企业在提交申报材料的审计截止日前存在财务内控不规范情形，主要包括：为满足贷款银行受托支付要求，在无真实业务支持的情况下，通过供应商等取得银行贷款或为客户提供银行贷款资金走账通道；为获得银行融资，向关联方或供应商开具无真实交易背景的商业票据，进行票据贴现后获得银行融资；与关联方或第三方直接进行资金拆借；因外销业务结算需要，通过关联方或第三方代收货款（内销业务应自主独立结算）；利用个人账户对外收付款项；出借公司账户为他人收付款项等。

（1）发行人整改要求。发行人应当严格按照现行法规、规则、制度要求对涉及的财务内控不规范情形进行整改或纠正。在提交申报材料前，保荐机构在上市辅导期间，应会同申报会计师、发行人律师，帮助发行人强化内控制度建设并执行有效性检查，具体要求可从以下方面把握：①首发企业申请上市成为上市公司，需要建立、完善并严格实施相关财务内控制度，保护中小投资者合法权益。发行人在报告期内作为非上市公司，在财务内控方面存在上述不规范情形的，应通过中介机构上市辅导完成整改或纠正（如收回资金、结束不当行为等措施）和相关内控制度建设，达到与上市公司要求一致的财务内控水平。②对首次申报审计截止日前报告期内存在的财务内控不规范情形，中介机构应根据有关情形发生的原因及性质、时间及频率、金额及比例等因素，综合判断是否构成对内控制度有效性的重大不利影响、是否属于主观故意或恶意行为并构成重大违法违规。③发行人已按照程序完成相关问题整改或纠正的，中介机构应结合此前不规范情形的轻重或影响程度的判断，全面核查、测试并确认发行人整改后的内控制度是否已合理、正常运行并持续有效，出具明确的核查意见。④首次申报审计截止日后，发行人原则上不能再出现上述内控不规范和不能有效执行的情形。⑤发行人的销售结算应自主独立，内销业务通常不应通过关联方或第三方代收货款；外销业务如确有必要通过关联方或第三方代收货款且能够充分提供合理性证据的，最近一年（期）收款金额原则上不应超过当年营业收入的30%。

（2）中介机构核查要求。中介机构对发行人财务内控不规范情形及整改或纠正、运行情况的核查，一般需注意以下方面：①发行人前述行为信息披露的充分性。如相关交易形成的原因，资金流向、使用用途和利息，违反有关法律法规的具体情况及后果，后续可能影响的承担机制及整改措施，相关内控制度建立及运行情况等。②前述行为的合法合规性。由中介机构对公司前述行为违反法律法规（如《票据法》《贷款通则》《外汇管理条例》《支付结算办法》等）的事实情况进行说明认定：是否属于主观故意或恶意行为并构成重大违法违规、是否存在被处罚情形或风险、是否满足相关发行条件的要求。③发行人对前述行为的财务核算是否真实、准确。如与相关方资金往来的实际流向和使用情况，是否通过体外资金循环粉饰业绩。④不规范行为的整改措施。发行人是否已通过收回资金、纠正不当行为方式、改进制度、加强内控等方式积极整改，是否已针对性地建立内控制度并有效执行，且申报后未发生新的不合规资金往来等行为。⑤是否存在后续影响，是否已排除或不存在重大风险隐患。

中介机构应根据上述核查要求明确发表结论性意见，确保发行人的财务内控在提交申报材料审计截止后能够持续符合规范性要求，不存在影响发行条件的情形。

审计截止日为最近一期经审计的财务报告资产负债表日。

095. 什么是第三方回款？

答：第三方回款通常是指发行人收到的销售回款的支付方（如银行汇款的汇款方、银行承兑汇票或商业承兑汇票的出票方或背书转让方）与签订经济合同的往来客户不一致的情况。

（1）第三方回款应当符合的条件。企业在正常经营活动中存在的第三方回款，通常情况下应考虑是否符合以下条件：①与自身经营模式相关，符合行业经营特点，具有必要性和合理性，如境外客户指定付款等。②第三方回款的付款方不是发行人的关联方。③第三方回款与相关销售收入钩稽一致，具有可验证性，不影响销售循环内控有效性的认定，申报会计师已对第三方回款及销售确认相关内控有效性发表明确的核查意见。④能够合理区分不同类别的第三方回款，相关金额及比例处于合理可控范围，最近一期通常不高于当期收入的15%。

（2）可以不纳入第三方回款统计的情形。以下情况可不作为最近一期第三方回款限制比例的统计范围：①客户为个体工商户或自然人，其通过家庭约定由直系亲属代为支付货款，经中介机构核查无异常的。②客户为自然人控制的企业，该企业的法定代表人、实际控制人代为支付货款，经中介机构核查无异常的。③客户所属集团通过集团财务公司或指定相关公司代客户统一对外付款，经中介机构核查无异常的。④政府采购项目指定财政部门或专门部门统一付款，经中介机构核查无异常的。⑤通过应收账款保理、供应链物流等合规方式或渠道完成付款，经中介机构核查无异常的。

096. 如何核查发行人是否符合第三方回款的要求？

答：如发行人报告期存在第三方回款，保荐机构及申报会计师通常应重点核查以下方面。

（1）第三方回款的真实性，是否存在虚构交易或调节账龄情形。

（2）第三方回款形成收入占营业收入的比例。

（3）第三方回款的原因、必要性及商业合理性。

（4）发行人及其实际控制人、董事、监事、高级管理人员或其他关联方与第三方回款的支付方是否存在关联关系或其他利益安排。

（5）境外销售涉及境外第三方的，其代付行为的商业合理性或合法合规性。

（6）报告期内是否存在因第三方回款导致的货款归属纠纷。

（7）如签订合同时已明确约定由其他第三方代购买方付款，该交易安排是否具有合理原因。

（8）资金流、实物流与合同约定及商业实质是否一致。

同时，保荐机构及申报会计师还应详细说明对实际付款人和合同签订方不一致情形的核查情况，包括但不限于抽样选取不一致业务的明细样本和银行对账单回款记录，追查至相关业务合同、业务执行记录及资金流水凭证，获取相关客户代付款确认依据，以核实和确认委托付款的真实性、代付金额的准确性及付款方和委托方之间的关系，说明合同签约方和付款方存在不一致情形的合理原因及第三方回款统计明细记录的完整性,并对第三方回款所对应营业收入的真实性发表明确的核查意见。保荐机构应当督促发行人在招股说明书中充分披露第三方回款的相关情况。

097. 报告期内存在会计政策、会计估计变更或会计差错更正情形的发行人应遵守哪些要求?

答:(1)总体要求。发行人在申报前的上市辅导和规范阶段,如发现存在不规范或不谨慎的会计处理事项并进行审计调整的,应当符合《企业会计准则第28号——会计政策、会计估计变更和会计差错更正》和相关审计准则的规定,并保证发行人提交首发申请时的申报财务报表能够公允地反映发行人的财务状况、经营成果和现金流量。申报会计师应按要求对发行人编制的申报财务报表与原始财务报表的差异比较表出具审核报告并说明差异调整原因,保荐机构应核查差异调整的合理性与合规性。

同时,报告期内发行人会计政策和会计估计应保持一致,不得随意变更;若有变更,应符合企业会计准则的规定。变更时,保荐机构及申报会计师应关注是否有充分、合理的证据表明变更的合理性,并说明变更会计政策或会计估计后,能够提供更可靠、更相关的会计信息的理由。对会计政策、会计估计的变更,应履行必要的审批程序。如无充分、合理的证据表明会计政策或会计估计变更的合理性,或者未经批准擅自变更会计政策或会计估计,或者连续、反复地自行变更会计政策或会计估计的，视为滥用会计政策或会计估计。

发行人应在招股说明书中披露重要会计政策、会计估计变更或会计差错更正情形及其原因。

（2）首发材料申报后变更、更正的具体要求。首发材料申报后，发行人如存在会计政策、会计估计变更事项，应当依据《企业会计准则第28号——会计政策、会计估计变更和会计差错更正》的规定，对首次提交的财务报告进行审计调整或补充披露，相关变更事项应符合专业审慎原则，与同行业上市公司不存在重大差异，不存在影响发行人会计基础工作规范性及内控有效性的情形。保荐机构和申报会计师应当充分说明专业判断的依据，对相关调整变更事项的合规性发表明确的核查意见。在此基础上，发行人应提交更新后的财务报告。

首发材料申报后，发行人如出现会计差错更正事项，应充分考虑差错更正的原因、性质、重要性与累计影响程度。对此，保荐机构、申报会计师应重点核查以下方面并明确发表意见：会计差错更正的时间和范围，是否反映发行人存在故意遗漏或虚构交易、事项或者其他重要信息，滥用会计政策或者会计估计，操纵、伪造或篡改编制财务报表所依据的会计记录等情形；差错更正对发行人的影响程度，是否符合《企业会计准则第28号——会计政策、会计估计变更和会计差错更正》的规定，发行人是否存在会计基础工作薄弱和内控缺失，相关更正信息是否已恰当披露等问题。

首发材料申报后，如发行人同一会计年度内因会计基础薄弱、内控不完善、必要的原始资料无法取得、审计疏漏等原因，除特殊会计判断事项外，导致会计差错更正累计净利润影响数达到当年净利润的20%以上（如为中期报表差错更正，则以上一年度净利润为比较基准）或净资产影响数达到当年（期）末净资产的20%以上，滥用会计政策或者会计估计及恶意隐瞒或舞弊行为导致重大会计差错更正的，应视为发行人在会计基础工作规范及相关内控方面不符合发行条件。

098. 发行人在什么情况下需做股份支付会计处理？

答：对于报告期内发行人向职工（含持股平台）、客户、供应商等新增股份，以及主要股东及其关联方向职工（含持股平台）、客户、供应商等转让股份，均应考虑是否适用《企业会计准则第11号——股份支付》。对于报告期前的股份支付事项，如对期初未分配利润造成重大影响，也应考虑是否适用《企业会计准则第11号——股份支付》。

通常情况下，解决股份代持等规范措施导致股份变动，家族内部财产分割、继承、赠与等非交易行为导致股权变动，资产重组、业务并购、持股方式转换、向老股东同比例配售新股等导致股权变动等，在有充分证据支持相关股份获取与发行人获得其服务无关的情况下，一般无须做股份支付处理。

对于为发行人提供服务的实际控制人/老股东以低于股份公允价值的价格增资入股事宜，如果根据增资协议，并非所有股东均有权按各自原持股比例获得新增股份，对于实际控制人/老股东超过其原持股比例而获得的新增股份，应属于股份支付。如果增资协议约定，所有股东均有权按各自原持股比例获得新增股份，但股东之间转让新增股份受让权且构成集团内股份支付，导致实际控制人/老股东超过其原持股比例获得的新增股份，也属于股份支付。对于实际控制人/老股东原持股比例，应按照相关股东直接持有与穿透控股平台后间接持有的股份比例合并计算。

099. **保荐人报送保荐工作底稿和验证版招股说明书有何要求？**

答： 受理发行上市申请文件后10个工作日内，保荐人须以电子文档形式报送保荐工作底稿和验证版招股说明书，供监管备查，这样可以督促中介机构切实履行尽职调查、审慎核查和把关责任，促进信息披露的真实、准确、完整。

报送后如有补充更新的，发行人及其保荐人、证券服务机构应当于上市委员会审议会议结束后10个工作日内汇总补充报送与审核问询回复相关的保荐工作底稿和更新后的验证版招股说明书。

300 Q&As on SSE STAR Market 100-162 ▶

五、科创板股票发行承销定价

（一）新股发行

100. 科创板首次公开发行股票如何定价？

答：科创板首次公开发行股票建立了以机构投资者为参与主体的市场化询价定价机制。询价对象包括经中国证券业协会注册的证券公司、基金管理公司、信托公司、财务公司、保险公司、合格境外机构投资者和私募基金管理人等专业机构投资者（以下统称网下投资者）。发行人和主承销商根据初步询价收集的拟申购价格和拟申购数量信息，可以协商确定合理的超额认购倍数和发行价格，也可以协商确定超额认购倍数区间和发行价格区间。协商确定发行价格区间的，可以向初步询价时报价有效的网下投资者进行累计投标询价，根据累计投标询价收集的申购价格和申购数量信息,协商确定最终的超额认购倍数和发行价格。

101. 科创板如何提高发行定价的合理性?

答: 在发行定价环节,企业估值受到公司的基本面、市场的资金面、市场的走势和投资者情绪等多方面因素的影响,而科创企业在业务技术、盈利能力等方面存在一定的不确定性,估值难度比较高,市场对科创企业的估值也更容易产生分歧。为此,科创板建立了以机构投资者为参与主体的询价、定价、配售机制。该机制主要体现在以下几个方面。

一是面向专业机构投资者进行询价、定价。考虑到科创板投资者的投资经验更丰富,风险承受能力更强,科创板取消了直接定价的方式,全面采用市场化的询价、定价方式,并将科创板首次公开发行询价对象限定为证券公司、基金公司等七类专业机构。

二是充分发挥投资价值研究报告的作用。为进一步发挥主承销商的研究分析能力,科创板借鉴了境内外市场的成熟经验,要求主承销商在询价阶段向网下投资者提供投资价值研究报告。在报告中,主承销商应当坚持独立、审慎、客观的原则,通过阅读招股说明书、实地调研等方式,对影响发行人投资价值的因素进行全面分析,同时对投资风险进行充分揭示。网下投资者应深入分析发行人信息,发挥专业定价能力,在充分研究并严格履行定价决策程序的基础上理性报价，自主决策，自担风险。

三是鼓励战略投资者和发行人的高级管理人员、核心员工参与新股发售。根据境内外实践经验，向战略投资者配售可以引入市场稳定增量资金，帮助发行人成功发行。发行人的高级管理人员与核心员工认购股份，有利于向市场投资者传递正面信号。因此，科创板也作出了相关的制度安排。

上交所将加强科创板证券发行承销过程监管，督促各方合理定价，对违法违规行为及时采取监管措施及纪律处分措施。发行承销涉嫌违法违规或者存在异常情形的，证监会可以要求上交所对相关事项进行调查处理，或者直接责令发行人和承销商暂停或中止发行。

102. 科创板新股上市后是否有价格稳定机制？

答：科创板首次公开发行股票采用市场化的询价、定价和配售机制，减少了以往指导发行市盈率带来的一二级市场套利空间。科创板降低了发行人采用超额配售选择权的规模门槛，允许发行人和主承销商普遍采用超额配售选择权，也有助于促进新股上市后的股价稳定。

103. 发行人与主承销商何时可以启动发行工作？

答：获证监会同意注册后，发行人与主承销商应当及时向上交所报备发行与承销方案。上交所5个工作日内无异议的，发行人与主承销商可依法刊登招股意向书，启动发行工作。

104. 发行人和主承销商在什么情况下应当发布投资风险特别公告？

答：初步询价结束后，发行人和主承销商确定的发行价格（或者发行价格区间中值）超过《发行承销实施办法》第九条规定的中位数、加权平均数的孰低值的，发行人和主承销商应当在申购前至少一周发布投资风险特别公告，披露的内容主要包括以下几点。

（1）说明确定的发行价格（或者发行价格区间中值）超过《发行承销实施办法》第九条规定的中位数、加权平均数的孰低值的理由及定价依据。

（2）提请投资者关注发行价格（或者发行价格区间）与网下投资者报价之间的差异。

（3）提请投资者关注投资风险，审慎研判发行定价的合理性，理性作出投资决策。

（4）上交所认为应当披露的其他内容。

超出比例不高于10%的，应当在申购前至少5个工作日发布投资风险特别公告。超出比例超过10%且不高于20%的，应当在申购前至少10个工作日发布2次以上投资风险特别公告。超出比例超过20%的，应当在申购前至少15个工作日发布3次以上投资风险特别公告。

105. **发行人股东持有的首发前股份如何托管？**

答：发行人股东持有的首发前股份，可以在发行人上市前托管在为发行人提供首次公开发行上市保荐服务的保荐机构，并由保荐机构按照上交所业务规则的规定，对股东减持首发前股份的交易委托进行监督管理。

106. **如何计算预计发行后总市值？**

答：预计发行后总市值是指初步询价结束后，按照确定的发行价格（或者发行价格区间下限）乘以发行后总股本（不含采用超额配售选择权发行的股票数量）计算的总市值。

107. **预计发行后总市值与申报时市值评估结果存在重大差异该怎么办？**

答：预计发行后总市值与申报时市值评估结果存在重大差异的，保荐机构应当向上交所说明相关差异情况。上交所在对保荐机构执业质量进行评价时，将考量上述因素。发行人预计发行后总市值不满足所选择的上市标准的，应当根据《发行承销实施办法》的相关规定中止发行。

108. **询价后市值低于发行人在招股说明书中明确选择的市值标准该怎么办？**

答：询价后市值低于发行人在招股说明书中明确选择的市值与财务指标上市标准的，应当中止发行。发行人和主承销商应当在T-2日（T日为网上网下申购日，下同）15:30前向上交所提交中止发行公告，并在公告中说明发行人预计发行后总市值是否满足在招股说明书中明确选择的市值与财务指标上市标准。

109. 什么情况会导致中止发行？

答：根据《证券发行与承销管理办法》《发行承销实施办法》及《上海证券交易所股票发行与承销业务指引》(以下简称《发行承销业务指引》)等法规规定，在发行上市过程中，发行人出现如下情形应当中止发行。

（1）剔除最高报价部分后有效报价投资者数量不足。

（2）网下投资者申购数量低于网下初始发行数量。

（3）网上、网下投资者合计缴款认购数量不足本次公开发行数量的70%。

（4）预计发行后总市值不满足招股说明书中明确选择的市值与财务指标上市标准。

（5）保荐机构相关子公司未按照规定及承诺实施跟投。

（6）通过累计投标询价确定发行价格的，未在T日21:00前提交发行价格及网上中签率公告。

（7）发行承销涉嫌违法违规或者存在异常情形的，上交所要求发行人和承销商中止发行。

（8）法律法规规定或者发行公告约定的其他情形。

110. 科创板首发中止发行后重新启动发行的条件和程序是什么？

答：科创板中止发行后，在证监会同意注册决定的有效期内，且满足会后事项监管要求的前提下，经向上交所备案，可重新启动发行。

（二）路演推介

111. 什么是路演？

答：路演是指发行人和主承销商采用现场、电话、互联网等合法合规的方式向投资者介绍公司、行业及发行方案等发行相关内容的推介活动。

112. 发行人和主承销商何时可以组织网上、网下路演？

答：在首次公开发行股票注册申请文件受理后，发行人和主承销商可以与拟参与战略配售的投资者进行一对一路演推介。首次公开发行股票招股意向书刊登后，发行人和主承销商可以向网下投资者进行路演推介和询价。发行人和主承销商应当至少采用互联网方式向公众投资者进行公开路演推介。

113. 路演推介前和推介过程中都有哪些要求？

答：在首次公开发行股票注册申请文件受理后，发行人和主承销商可以与拟参与战略配售的投资者进行一对一路演推介，介绍公司、行业基本情况，但路演推介内容不得超出证监会及上交所认可的公开信息披露范围。路演开始前，发行人和主承销商应当履行事先告知程序，向战略投资者说明路演推介的纪律要求及事后签署路演推介确认书的义务，战略投资者对此无异议的，方可进行路演推介。路演结束后，发行人和主承销商应当与战略投资者签署路演推介确认书，确认路演推介内容符合相关法律法规、监管规定及自律规则的要求。路演推介确认书应由各方分别存档备查。

首次公开发行股票招股意向书刊登后，发行人和主承销商可以向网下投资者进行路演推介和询价。对网下投资者的路演推介，发行人和主承销商可以介绍公司、行业及发行方案等与本次发行相关的内容，但路演推介内容不得超出招股意向书及其他已公开信息范围，不得对股票二级市场交易价格作出预测。主承销商的证券分析师路演推介应当与发行人路演推介分别进行。证券分析师路演推介内容不得超出投资价值研究报告及其他已公开信息范围，不得对股票二级市场交易价格作出预测。主承销商应当采取有效措施保障证券分析师路演推介活动的独立性。

发行人和主承销商应当至少采用互联网方式向公众投资者进行公开路演推介。发行人和主承销商向公众投资者进行推介时，提供的发行人信息的内容及完整性应与向网下投资者提供的信息保持一致。在通过互联网等方式进行公开路演推介时，不得屏蔽公众投资者提出的与本次发行相关的问题。

主承销商应当对面向两家及两家以上投资者的路演推介过程进行全程录音。主承销商应当聘请参与网下发行与承销全程见证的律师事务所在路演推介活动前对发行人管理层、参与路演的工作人员和证券分析师等进行培训，强调发行人对外宣传资料的口径，包括宣传材料与发行人实际情况的一致性、不允许透露公开资料以外的信息、不允许存在夸张性描述等。主承销商应当要求律师事务所出具培训总结，并督促律师事务所勤勉尽责。发行人和主承销商的相关路演推介材料应当由律师事务所进行事前审核，确保宣传材料的合法合规性，不能超出相关规定限定的公开信息的内容及范围。主承销商应当要求律师事务所对路演推介材料出具明确的审核确认意见。

114. 科创板路演过程中有哪些注意事项？

答：采用现场方式路演时，除发行人、主承销商、投资者及见证律师之外，其他与路演推介工作无关的机构与个人不得进入路演现场，不得参与发行人和主承销商与投资者的沟通交流活动。

主承销商应当以确切的事实为依据，不得夸大宣传或以虚假广告等不正当手段诱导、误导投资者；不得以任何方式发布报价或定价信息；不得阻止符合条件的投资者报价或劝诱投资者报高价；不得口头、书面向投资者或路演参与方透露未公开披露的信息,包括但不限于财务数据、经营状况、重要合同等重大经营信息及可能影响投资者决策的其他重要信息。

主承销商应当在刊登招股意向书之前,向协会报送战略投资者一对一路演推介活动情况及其他路演推介活动的初步方案、律师事务所出具的培训总结等材料。

115. 投资价值研究报告应包括哪些主要内容?

答: 投资价值研究报告应当对影响发行人投资价值的因素进行全面分析,至少包括下列内容。

(1)发行人的行业分类、行业政策,发行人与主要竞争者的比较及其在行业中的地位。

(2)发行人商业模式、经营状况和发展前景分析。

(3)发行人盈利能力和财务状况分析。

(4)发行人募集资金投资项目分析。

(5)发行人与同行业可比上市公司(如有)的投资价值比较。

(6)其他对发行人投资价值有重要影响的因素。

投资价值研究报告应当按照证监会有关上市公司行业分类指引中制定的行业分类标准确定发行人行业归属,并说明依据,不得随意选择行业归属。

投资价值研究报告应当对影响发行人投资价值的行业状况

与发展前景进行分析与预测,可以包括发行人所属行业分类、行业的生命周期分析及其对发行人发展前景的影响、行业供给需求分析、行业竞争分析、行业主要政策分析、行业的发展前景预测及证券分析师认为的行业层面其他的重要因素。

投资价值研究报告应当对影响发行人投资价值的公司状况进行分析,可以包括公司治理的分析与评价、公司战略的分析与评价、经营管理的分析与评价、研发技术的分析与评价、财务状况的分析与评价、募集资金投资项目分析及证券分析师认为发行人层面其他的重要因素。公司分析必须建立在行业分析的基础上。

撰写投资价值研究报告应当制作发行人的盈利预测模型,包括但不限于资产负债表、利润表、现金流量表三张报表的完整预测及其他为完成预测而需要制作的辅助报表,从而预测公司未来资产负债、利润和现金流量的相对完整的财务状况。在进行盈利预测前,证券分析师应当明确盈利预测的假设条件。盈利预测应谨慎、合理。

投资价值研究报告选择可比公司应当客观、全面,并说明选择可比公司的依据,不得随意选择可比公司。

证券分析师应当在投资价值研究报告的显著位置进行充分的风险提示,并特别说明如果盈利预测的假设条件不成立对公司盈利预测的影响及对估值结论的影响。证券分析师应当按照重要性原则,按顺序披露可能直接或者间接对发行人生产经营状况、财务状况和持续经营能力产生重大不利影响的主要因素，列出发行人经营过程中所有可能存在的潜在风险。证券分析师应当对所披露的风险因素做定量分析，无法进行定量分析的，应当有针对性地作出定性描述。证券分析师应当在投资价值研究报告的醒目位置提示投资者自主作出投资决策并自行承担投资风险。

投资价值研究报告应当分别提供至少两种估值方法作为参考，合理给出发行人本次公开发行股票后整体市值区间及在假设不采用超额配售选择权的情况下的每股估值区间。投资价值研究报告应当列出所选用的每种估值方法的假设条件、主要参数、主要测算过程。投资价值研究报告不得对股票二级市场交易价格作出预测。

116. 主承销商向投资者提供投资价值研究报告有哪些禁止性规定？

答：主承销商应当向网下投资者提供投资价值研究报告，但不得以任何形式公开披露或变相公开投资价值研究报告或其内容，证监会及上交所另有规定的除外；不得提供承销团以外的机构撰写的投资价值研究报告；不得在刊登招股意向书之前提供投资价值研究报告或泄露报告内容。

117. 如何保证投资价值分析报告的质量和独立性？

答：主承销商的证券分析师应当独立撰写投资价值研究报告并署名。承销团其他成员的证券分析师可以根据需要撰写投资价值研究报告，但应保持独立性并署名。

因经营范围限制，主承销商无法撰写投资价值研究报告的，应委托具有证券投资咨询资格的母公司或子公司撰写投资价值研究报告，双方均应当对投资价值研究报告的内容和质量负责，并采取有效措施做好信息保密工作，同时应当在报告首页承诺本次报告的独立性。

主承销商无相关母公司或子公司的，可委托一家具有证券投资咨询资格、较强研究能力、丰富研究经验的承销团成员独立撰写投资价值研究报告。

承销商应当从组织设置、人员职责及工作流程等方面保证证券分析师撰写投资价值研究报告的独立性。撰写投资价值研究报告相关人员的薪酬不得与相关项目的业务收入挂钩。

证券分析师撰写投资价值研究报告应当秉承专业的态度，采用专业、严谨的研究方法和分析逻辑，基于合理的数据基础和事实依据，审慎提出研究结论，分析与结论应当保持逻辑一致性。

投资价值研究报告使用的参数和估值方法应当客观、专业，并分析说明选择参数和估值方法的依据，不得随意调整参数和估值方法。

118. 如何对拟在科创板上市的科创企业进行估值？

答：科创企业具有技术新、迭代快、投入大等特征，经营风险和业绩波动较大。境外成熟市场普遍重视发挥市场机制的作用，将估值和定价的主导权均交给市场，由市场各方经过多次充分博弈，逐步发现和形成均衡价格。

科创板强调发挥市场机制的作用，在发行环节买卖双方有询价、路演等一系列的制度性安排，通过发挥市场约束机制的作用，促使估值合理。估值方法可参照《私募投资基金非上市股权投资估值指引（试行）》相关内容，包括市场法、收益法、成本法三种大类估值方式，以及最近融资价格法、市场乘数法（包括市盈率、市净率、市销率、市值/息税折摊前利润、市值/息税前利润、企业价值/销售收入、企业价值/息税折摊前利润、企业价值/息税前利润等市场乘数指标）、行业指标法、现金流折现法、净资产法五种具体估值方法等。

（三）网下配售

119. 什么是新股配售？

答：新股配售是指在新股发行时，市场投资者根据自身意愿申购新股，承销商将一定比例的新股向申购的投资者配售的行为。

120. 网上、网下投资者如何参与申购科创板新股？

答：网上投资者通过上交所交易系统参与科创板网上申购，

网下投资者通过上交所网下申购电子化平台参与科创板网下申购。

121. 投资者能否同时参与网上申购和网下配售？

答：不能。凡参与新股网下发行报价或申购的投资者，不得再参与该只新股的网上申购。

122. 私募基金管理人注册为科创板首发股票网下投资者需要符合哪些条件？

答：私募基金管理人注册为科创板首发股票网下投资者，应符合以下条件。

（1）已在中国证券投资基金业协会完成登记。

（2）具备一定的证券投资经验。依法设立并持续经营时间达到两年（含）以上，从事证券交易的时间达到两年（含）以上。

（3）具有良好的信用记录。最近12个月未受到相关监管部门的行政处罚、行政监管措施或相关自律组织的纪律处分。

（4）具备必要的定价能力。具有相应的研究力量、有效的估值定价模型、科学的定价决策制度和完善的合规风控制度。

（5）具备一定的资产管理实力。私募基金管理人管理的在中国证券投资基金业协会备案的产品总规模最近两个季度均为10亿元（含）以上，且近三年管理的产品中至少有一只存续期为两年（含）以上的产品。申请注册的私募基金产品规模应为6000万元（含）以上，已在中国证券投资基金业协会完成备案，且委托第三方托管人独立托管基金资产。其中，私募基金产品规模是指基金产品资产净值。

（6）符合监管部门、中国证券投资基金业协会要求的其他条件。私募基金管理人参与科创板首发股票网下询价和申购业务，还应当符合相关监管部门及自律组织的规定。私募基金管理人已注销登记或其产品已清盘的，推荐该投资者注册的证券公司应及时向中国证券投资基金业协会申请注销其科创板网下投资者资格或科创板配售对象资格。

123. 科创板对于投资者参与网下询价申购是否有市值要求？

答：主承销商应当根据中国证券业协会自律规则的相关规定，要求参与该次网下发行业务的网下投资者及其管理的配售对象，以该次初步询价开始日前2个交易日为基准日，其在基准日前20个交易日（含基准日）所持有上海市场非限售A股股份和非限售存托凭证总市值的日均市值应为1000万元（含）以上，且不低于发行人和主承销商事先确定并公告的市值要求。参与网下申购业务的网下投资者及其管理的配售对象持有的上海市场非限售A股股份和非限售存托凭证总市值计算，适用《上海市场首次公开发行股票网上发行实施细则（2018年修订）》规定的市值计算规则。

发行人和主承销商可以根据上交所和中国证券业协会自律规则的规定，在科创板网下投资者范围内设置其他条件，并在发行公告中预先披露。

124. 承销商需要对网下投资者进行哪些核查？

答： 主承销商应当对网下投资者是否符合公告的条件进行核查，对不符合条件的投资者，应当拒绝或剔除其报价。

发行人和主承销商应当对获得配售的网下投资者进行核查，确保在网下发行中不向下列对象配售股票。

（1）发行人及其股东、实际控制人、董事、监事、高级管理人员和其他员工。发行人及其股东、实际控制人、董事、监事、高级管理人员能够直接或间接实施控制、共同控制或施加重大影响的公司，以及该公司控股股东、控股子公司和控股股东控制的其他子公司。

（2）主承销商及其持股比例5%以上的股东，主承销商的董事、监事、高级管理人员和其他员工。主承销商及其持股比例5%以上的股东、董事、监事、高级管理人员能够直接或间接实施控制、共同控制或施加重大影响的公司，以及该公司控股股东、控股子公司和控股股东控制的其他子公司。

（3）承销商及其控股股东、董事、监事、高级管理人员和其他员工。

（4）与上述三项所述人士关系密切的家庭成员，包括配偶、子女及其配偶、父母及配偶的父母、兄弟姐妹及其配偶、配偶的兄弟姐妹、子女配偶的父母。

（5）过去6个月内与主承销商存在保荐、承销业务关系的公司及其持股5%以上的股东、实际控制人、董事、监事、高级管理人员，或已与主承销商签署保荐、承销业务合同或达成相关意向的公司及其持股5%以上的股东、实际控制人、董事、监事、高级管理人员。

（6）通过配售可能导致不当行为或不正当利益的其他自然人、法人和组织。

（7）在中国证券业协会公布的首次公开发行股票网下投资者黑名单中的机构。

（8）债券型证券投资基金或信托计划，在招募说明书、投资协议等文件中以直接或间接方式载明以博取一级、二级市场价差为目的申购首发股票的理财产品等证券投资产品。

（9）本次发行的战略投资者（如有）。

第（2）、第（3）项规定的禁止配售的对象管理的通过公开募集方式设立且未参与本次战略配售的证券投资基金除外，但应当符合证监会的有关规定。

125. 参与询价的网下投资者如何报价？

答：参与询价的网下投资者可以为其管理的不同配售对象账户分别填报一个报价，每个报价应当包含配售对象信息、每股价格和该价格对应的拟申购股数。同一网下投资者全部报价中的不同拟申购价格不超过3个。首次公开发行股票价格（或发行价格区间）确定后，提供有效报价的投资者方可参与申购。

初步询价时，同一网下投资者填报的拟申购价格中，最高价格与最低价格的差额不得超过最低价格的20%。

126. 网下投资者报价是否越高越好？

答：网下投资者报价并非越高越好。初步询价结束后，发行人和主承销商应当剔除拟申购总量中报价最高的部分，剔除部分不得低于所有网下投资者拟申购总量的10%。当拟剔除的最高申报价格部分中的最低价格与确定的发行价格（或者发行价格区间上限）相同时，对该价格的申报可不再剔除，剔除比例可低于10%。剔除部分不得参与网下申购。

127. 网下投资者报价后，发行人和主承销商如何确定发行价格？

答：初步询价结束后，发行人和主承销商应当根据《发行承销业务指引》第五十一条规定的各项中位数和加权平均数（包括：（1）剔除最高报价部分后所有网下投资者及各类网下投资者剩余报价的中位数和加权平均数；（2）剔除最高报价部分后公募产品、社保基金、养老金剩余报价的中位数和加权平均数；（3）剔除最高报价部分后公募产品、社保基金、养老金、企业年金基金、保险资金和合格境外机构投资者资金剩余报价的中位数和加权平均数），并重点参照剔除最高报价部分后公募产品、社保基金、养老金、企业年金基金、保险资金和合格境外机构投资者资金等配售对象剩余报价中位数和加权平均数的孰低值，审慎、合理确定发行价格（或者发行价格区间中值）。

除参考投资者报价外，定价还会综合考虑发行人基本面、本次公开发行的股份数量、发行人所处行业、可比上市公司估值水平、市场情况、募集资金需求及承销风险等因素。

128. 什么是有效报价和有效报价投资者？

答：有效报价是指网下投资者申报的不低于主承销商和发行人确定的发行价格或发行价格区间下限，且未作为最高报价部分被剔除，同时符合主承销商和发行人事先确定且公告的其他条件的报价。

提供有效报价的网下投资者为有效报价投资者。

129. 科创板新股初始网上、网下发行的比例如何设置？

答：在科创板首次公开发行股票，网上、网下发行比例应当遵守以下规定。

（1）公开发行后总股本不超过4亿股的，网下初始发行比例不低于本次公开发行股票数量的70%。

（2）公开发行后总股本超过4亿股或者发行人尚未盈利的，网下初始发行比例不低于本次公开发行股票数量的80%。

（3）安排向战略投资者配售股票的，应当扣除向战略投资者配售部分后确定网下、网上发行比例。

130. 什么是回拨机制？

答：回拨机制是指为平衡网上、网下的申购需求，根据实际情况，对初定的战略配售数量、网下配售数量和网上发行数量进行调整的机制安排。首先，发行价格与发行规模确定后，战略配售认购不足部分股票回拨计入网上、网下发行总量。其次，根据网上、网下申购情况，对网下配售数量和网上发行数量进行调整。

131. 科创板新股网上、网下发行的回拨机制是怎样的？

答：科创板首次公开发行股票网下投资者申购数量低于网下初始发行量的，发行人和主承销商应当中止发行，不得将网下发行部分向网上回拨。网上投资者申购数量不足网上初始发行量的，可以回拨给网下投资者。

科创板首次公开发行股票，网上投资者有效申购倍数超过50倍且不超过100倍的，应当从网下向网上回拨，回拨比例为本次公开发行股票数量的5%。网上投资者有效申购倍数超过 100 倍的，回拨比例为本次公开发行股票数量的 10%。回拨后无限售期的网下发行数量原则上不超过本次公开发行股票数量的 80%。

上述所指公开发行股票数量，应当按照扣除设定限售期的股票数量计算。

132. 科创板如何对网下投资者进行分类配售？

答：科创板首次公开发行股票，网下分类配售应当遵守以下规定。

（1）应当安排不低于本次网下发行股票数量的 50% 优先向公募产品（包括为满足不符合科创板投资者适当性要求的投资者投资需求而设立的公募产品）、社保基金、养老金、根据《企业年金基金管理办法》设立的企业年金基金（以下简称企业年金基金）和符合《保险资金运用管理办法》等相关规定的保险资金（以下简称保险资金）配售。

（2）公募产品、社保基金、养老金、企业年金基金和保险资金有效申购不足安排数量的，发行人和主承销商可以向其他符合条件的网下投资者配售剩余部分。

（3）对网下投资者进行分类配售的，同类投资者获得配售的比例应当相同。公募产品、社保基金、养老金、企业年金基金和保险资金的配售比例应当不低于其他投资者。

（4）除符合上述规定外，可以根据配售对象的机构类别、产品属性、承诺持有期限等合理设置具体类别,在发行公告中预先披露,并优先向为满足不符合科创板投资者适当性要求的投资者投资需求而设立的公募产品配售。发行人向公募产品、社保基金、养老金、企业年金基金和保险资金外的其他投资者进行分类配售的,应当保证合格境外机构投资者资金的配售比例不低于其他投资者。

133. 网下投资者参与询价和申购有哪些禁止性行为?

答:网下投资者及相关工作人员在参与科创板首发股票网下询价时,不得存在下列行为。

(1)使用他人账户报价。

(2)同一配售对象使用多个账户报价。

(3)投资者之间协商报价。

(4)与发行人或承销商串通报价。

(5)委托他人报价。

(6)利用内幕信息、未公开信息报价。

(7)无真实申购意图进行人情报价。

(8)故意压低或抬高价格。

(9)没有严格履行报价评估和决策程序、未能审慎报价。

(10)无定价依据、未在充分研究的基础上理性报价。

(11)未合理确定拟申购数量,拟申购金额超过配售对象总资产或资金规模。

（12）接受发行人、主承销商及其他利益相关方提供的财务资助、补偿、回扣等。

（13）其他不独立、不客观、不诚信、不廉洁的情形。

网下投资者参与科创板首发股票网下报价后，不得存在下列行为。

（1）提供有效报价但未参与申购或未足额申购。

（2）获配后未按时足额缴付认购资金及经纪佣金。

（3）网上、网下同时申购。

（4）获配后未恪守限售期等相关承诺。

（5）其他影响发行秩序的情形。

网下投资者或配售对象参与科创板首发股票网下询价和申购业务时违反上述规定的，中国证券业协会按照相应规则采取自律措施，并在协会网站公布。网下投资者相关工作人员出现上述情形的，视为所在机构行为。

134. 网下投资者在参与询价和申购中发生禁止性行为有什么后果？

答：（1）网下投资者或其管理的配售对象一个自然年度内出现上述情形一次的，中国证券业协会将出现上述违规情形的配售对象列入首发股票配售对象限制名单（以下简称限制名单）6个月。出现两次（含）以上的，协会将出现上述违规情形的配售对象列入限制名单12个月。科创板与主板、中小板、创业板的违规次数合并计算。被列入限制名单期间，配售对象不得参与科创板及主板、中小板、创业板首发股票网下询价。

（2）网下投资者或其管理的配售对象出现上述情形、情节严重的，协会将该网下投资者列入首发股票网下投资者黑名单12个月。被列入黑名单期间，该网下投资者所管理的配售对象均不得参与科创板及主板、中小板、创业板首发股票网下询价。

（四）新股申购

135. 投资者如何获取科创板公司发行上市的信息？

答：投资者可通过上交所网站或中国证监会指定媒体获取科创板企业发行上市信息。

科创板公司应当通过上交所上市公司信息披露电子化系统登记公告。

相关信息披露义务人应当通过上市公司或者上交所指定的信息披露平台办理公告登记。

同时，上市公司和相关信息披露义务人应当在上交所网站和中国证监会指定媒体上披露信息披露文件，并保证披露的信息与登记的公告内容一致。未能按照登记内容披露的，应当立即向上交所报告并及时更正。

136. 个人投资者参与科创板网上新股申购需满足什么条件?

答:一是符合科创板投资者适当性条件,投资者申请权限开通前20个交易日证券账户及资金账户内的资产(不包括该投资者通过融资融券融入的资金和证券)日均不低于人民币50万元,且参与证券交易24个月以上。

二是符合持有市值条件,投资者须持有上海市场非限售A股股份和非限售存托凭证总市值1万元(含)以上。投资者持有多个证券账户的,多个证券账户的市值合并计算。

三是符合《上海市场首次公开发行股票网上发行实施细则》规定的其他条件。

137. 网上申购条件里的市值如何计算?

答:投资者持有的市值以投资者为单位,按其T-2日前20个交易日(含T-2日)的日均持有市值计算。投资者持有多个证券账户的,多个证券账户的市值合并计算。

投资者相关证券账户持有市值按其证券账户中纳入市值计算范围的股份数量和存托凭证份额数量与相应收盘价的乘积计算。

确认多个证券账户为同一投资者持有的原则为证券账户注册资料中的"账户持有人名称""有效身份证明文件号码"均相同。证券账户注册资料以T-2日日终为准。

融资融券客户信用证券账户的市值合并计算到该投资者

持有的市值中，证券公司转融通担保证券明细账户的市值合并计算到该证券公司持有的市值中。

不合格、休眠、注销证券账户不计算市值。

投资者相关证券账户开户时间不足20个交易日的，按20个交易日计算日均持有市值。

非限售A股股份或非限售存托凭证份额发生司法冻结、质押，以及存在上市公司董事、监事、高级管理人员交易限制的，不影响证券账户内持有市值的计算。

138. 科创板网上新股申购可以是信用申购吗？

答：可以。科创板沿用现行相关规定，网上投资者在申购委托时无须缴纳申购资金。在申购新股中签后，投资者应依据中签结果履行资金缴纳义务，确保其资金账户在T+2日（T日指申购日）日终有足额的新股认购资金。

139. 科创板网上投资者申购数量的上下限各是多少？

答：科创板网上投资者根据其持有的上海市场非限售A股股份和非限售存托凭证总市值，确定网上可申购额度，每5000元市值可申购一个申购单位，不足5000元的部分不计入申购额度。每一个新股申购单位为500股，申购数量应当为500股或其整数倍，但最高申购数量不得超过当次网上初始发行数量的千分之一，且不得超过9999.95万股，如超过则该笔申购无效。

140. 不同类别的投资者参与科创板股票网上申购是否有不同的申购上限？

答：网上申购上限与投资者类别无关。

141. 每一个中签号可以认购多少科创板新股？

答：每一个中签号可认购500股科创板新股。

142. 个人投资者参与科创板新股申购需要注意哪些风险？

答：个人投资者参与科创板新股申购时，需关注以下风险。

一是在规则适用上，科创板股票网上发行比例、网下向网上回拨比例、申购单位、投资风险特别公告发布等与目前沪市主板股票发行承销规则存在差异。例如，将网下初始发行比例调高10%，并降低网下初始发行量向网上回拨的力度，回拨后网下发行比例将不少于60%等。投资者应当在新股申购环节充分知悉并关注相关规则规定。

二是科创板新股发行价格、规模、节奏等坚持市场化导向，询价、定价、配售等环节由机构投资者主导。科创板新股发行全部采用询价、定价方式，询价对象限定为证券公司等七类专业机构投资者，个人投资者是无法直接参与发行定价的。

三是科创板公司普遍具有技术新、前景不确定、业绩波动大、风险高等特征，市场可比公司较少，传统估值方法可能不适用，发行定价难度较大。因此，科创板股票上市后可能存在股价波动的风险，出现破发的情况。

四是就科创板公司而言，一方面，其所处行业和业务往往具有研发投入规模大、盈利周期长、技术迭代快、风险高及严重依赖核心项目、核心技术人员、少数供应商等特点，企业上市后的持续创新能力、主营业务发展的可持续性、公司收入及盈利水平等仍具有较大不确定性。另一方面，科创板公司可能存在首次公开发行前最近3个会计年度未能连续盈利、公开发行并上市时尚未盈利、有累计未弥补亏损等情形，可能在上市后仍无法盈利、无法进行利润分配等。

143. 哪些投资者可以参加网下询价申购？

答：证券公司、基金管理公司、信托公司、财务公司、保险公司、合格境外机构投资者和私募基金管理人等七类专业机构投资者可以参加科创板网下询价申购。发行人和主承销商可以根据上交所和中国证券业协会相关自律规则的规定，在前述投资者范围内设置具体条件，并在发行公告中预先披露。

个人投资者和普通法人机构不可以参与科创板网下询价申购。

144. 若有效报价网下投资者未参与申购或获得初步配售的网下投资者未及时足额缴纳认购款，将面临什么后果？

答：网下投资者参与科创板首发股票网下报价后，提供有效报价但未参与申购，或未按时足额缴付认购资金及经纪佣金的，一个自然年度内出现前述情形一次，中国证券业协会将出现上述违规情形的配售对象列入限制名单6个月。出现两次（含）以上的，中国证券业协会将出现上述违规情形的配售对象列入限制名单12个月。科创板与主板、中小板、创业板的违规次数合并计算。被列入限制名单期间，配售对象不得参与科创板及主板、中小板、创业板首发股票网下询价。出现前述情形、情节严重的，中国证券业协会将该网下投资者列入首发股票网下投资者黑名单12个月。被列入黑名单期间，该网下投资者所管理的配售对象均不得参与科创板及主板、中小板、创业板首发股票网下询价。

因不可抗力或基金托管人、银行等第三方过失导致发生上述提供有效报价但未参与申购或未足额申购、获配后未按时足额缴付认购资金及经纪佣金情形，相关网下投资者及配售对象自身没有责任，且能提供有效证明材料的，该网下投资者可向协会申请免予处罚。

145. 网上投资者中签后未及时缴款将面临什么后果？

答：投资者认购资金不足的，不足部分视为放弃认购，由此产生的后果及相关法律责任，由投资者自行承担。

投资者连续12个月内累计出现3次中签但未足额缴款的情形时，自结算参与人最近一次申报其放弃认购的次日起6个月（按180个自然日计算，含次日）内不得参与新股、存托凭证、可转换公司债券、可交换公司债券网上申购。

146. 网下投资者屡次出现故意抬高、压低价格等违规报价情形将面临什么后果？

答：网下投资者在一个自然年度内两次（含）以上出现故意抬高、压低价格等违规报价情形的，中国证券业协会将出现上述违规情形的配售对象列入限制名单12个月。科创板与主板、中小板、创业板的违规次数合并计算。被列入限制名单期间，配售对象不得参与科创板及主板、中小板、创业板首发股票网下询价。情形、情节严重的，中国证券业协会将该网下投资者列入首发股票网下投资者黑名单12个月。被列入黑名单期间，该网下投资者所管理的配售对象均不得参与科创板及主板、中小板、创业板首发股票网下询价。

147. 网下投资者存在合谋报价、利益输送或谋取其他不当利益行为将面临什么后果？

答：网下投资者存在合谋报价、利益输送或谋取其他不当利益行为的，一个自然年度内出现前述情形一次，中国证券业协会将出现上述违规情形的配售对象列入首发股票配售对象限制名单6个月。出现两次（含）以上的，中国证券业协会将出现上述违规情形的配售对象列入限制名单12个月。科创板与主板、中小板、创业板的违规次数合并计算。被列入限制名单期间，配售对象不得参与科创板及主板、中小板、创业板首发股票网下询价。出现前述情形、情节严重的，中国证券业协会将该网下投资者列入首发股票网下投资者黑名单

12个月。被列入黑名单期间,该网下投资者所管理的配售对象均不得参与科创板及主板、中小板、创业板首发股票网下询价。

(五)战略配售

148. 科创板的战略配售制度有什么特点?

答:科创板鼓励战略投资者和发行人的高级管理人员、核心员工参与新股发售。

一是放宽战略配售的实施条件,首次公开发行股票数量在1亿股以上的发行人可以进行战略配售,战略投资者获得配售股票总量原则上不超过首次公开发行股票数量的30%。首次公开发行股票数量不足1亿股的也可以进行战略配售,战略投资者获得配售股票总量原则上不超过首次公开发行股票数量的20%。

二是允许发行人的高级管理人员与核心员工通过专项资产管理计划,参与发行人股票战略配售。发行人须在披露招股说明书中,对高级管理人员、核心员工参与配售情况进行充分的信息披露。上市后减持战略配售股份,应当按规定进行预披露,以强化市场约束。

三是试行保荐机构相关子公司"跟投"制度。允许发行人保荐机构的相关子公司等主体作为战略投资者参与股票配售，并设置一定的限售期。

根据境内外实践经验，向战略投资者配售这一安排，在引入市场稳定增量资金、帮助发行人成功发行等方面富有实效。建立发行人高级管理人员与核心员工认购机制，有利于向市场投资者传递正面信号。

149. 参与科创板发行人战略配售的投资者主要有哪些？

答：参与发行人战略配售的投资者，应当具备良好的市场声誉和影响力，具有较强的资金实力，认可发行人长期投资价值，并按照最终确定的发行价格认购其承诺认购数量的发行人股票。主要包括以下几类。

（1）与发行人经营业务具有战略合作关系或长期合作愿景的大型企业或其下属企业。

（2）具有长期投资意愿的大型保险公司或其下属企业、国家级大型投资基金或其下属企业。

（3）以公开募集方式设立、主要投资策略包括投资战略配售股票且以封闭方式运作的证券投资基金。

（4）参与跟投的保荐机构相关子公司。

（5）发行人的高级管理人员与核心员工参与本次战略配售设立的专项资产管理计划。

（6）符合法律法规、业务规则规定的其他战略投资者。

150. 科创板公司IPO向战略投资者配售的比例如何确定？

答：首次公开发行股票数量在1亿股以上的，战略投资者获得配售的股票总量原则上不得超过本次公开发行股票数量的30%，超过的应当在发行方案中充分说明理由。首次公开发行股票数量不足1亿股的，战略投资者获得配售的股票总量不得超过本次公开发行股票数量的20%。

151. 战略投资者获得配售的股份上市后有无持有期限制？

答：有。战略投资者应当承诺获得本次配售的股票持有期限不少于12个月，持有期自本次公开发行的股票上市之日起计算。参与配售的保荐机构相关子公司应当承诺获得本次配售的股票持有期限为自发行人首次公开发行并上市之日起24个月。

152. 主承销商对战略投资者配售资格的核查包括哪些内容？

答：主承销商应当对战略投资者的选取标准、配售资格及是否存在以下禁止性情形进行核查。

（1）发行人和主承销商向战略投资者承诺上市后股价将上涨，或者股价如未上涨将由发行人购回股票或者给予任何形式的经济补偿。

（2）主承销商以承诺对承销费用分成、介绍参与其他发行人战略配售、返还新股配售经纪佣金等作为条件引入战略投资者。

（3）发行人上市后认购发行人战略投资者管理的证券投资基金。

（4）发行人承诺在战略投资者获配股份的限售期内，由与该战略投资者存在关联关系的人员担任发行人的董事、监事及高级管理人员，但发行人的高级管理人员与核心员工设立专项资产管理计划参与战略配售的除外。

（5）除《发行承销业务指引》第八条第三项规定的情形外，战略投资者使用非自有资金认购发行人股票，或者存在接受其他投资者委托或委托其他投资者参与本次战略配售的情形。

（6）其他直接或间接进行利益输送的行为。

153. 参与战略配售的投资者需要在什么时候签署认购协议和缴纳认购资金？

答：发行人应当事先与战略投资者签署配售协议。T-3日（T日为网上网下申购日）前，战略投资者应当足额缴纳认购资金及相应的新股配售经纪佣金。

154. 采用战略配售主要需披露哪些信息？

答：发行人和主承销商应当在招股意向书和初步询价公告中披露是否采用战略配售方式、战略配售股票数量上限、战略投资者选取标准等信息，并向上交所报备战略配售方案，包括战略投资者名称、承诺认购金额或者股票数量以及限售期安排等情况。

发行人和主承销商应当在发行公告中披露战略投资者名称、承诺认购的股票数量以及限售期安排等信息。

发行人和主承销商应当在网下发行初步配售结果及网上中签结果公告中披露最终获配的战略投资者名称、股票数量以及限售期安排等情况。

155. 战略投资者是否可以放弃认购？

答：战略投资者在签署战略配售协议后，缴纳认购资金及相应的新股配售经纪佣金前，可以放弃认购，弃购部分股票计入网上网下发行总量。保荐机构相关子公司未按照承诺实施跟投的，发行人应当中止发行。

战略投资者在定价后，未按照承诺认购股数补足认购金额及新股配售经纪佣金的，不足部分股票计入网上网下发行总量。保荐机构相关子公司未按照承诺实施跟投的，发行人应当中止发行。

156. 战略投资者能否向证券金融公司借出获得配售的股票？

答：可以。《证券发行与承销管理办法》规定的战略投资者在承诺的持有期限内，可以按规定向证券金融公司借出获得配售的股票。借出期限届满后，证券金融公司应当将借入的股票返还给战略投资者。

（六）超额配售选择权

157. 什么是科创板的超额配售选择权？

答：科创板的超额配售选择权，是指科创板IPO中发行人授予主承销商的一项选择权，获此授权的主承销商按同一发行价格超额发售不超过包销数额15%的股份，即主承销商按不超过包销数额115%的股份向投资者发售。在发行人股票上市之日起30个自然日内，获授权的主承销商有权根据市场情况选择从集中竞价交易市场中购买发行人股票，或者要求发行人增发股票，分配给对超额发售部分提出认购申请的投资者。

158. 科创板新股发行的超额配售选择权有什么特点？

答：科创板允许发行人和主承销商在发行方案中采用超额配售选择权，取消首次公开发行股票数量在4亿股以上的限制，有利于促进发行人新股上市后股价的稳定，增加承销商的发行承销收入，提高投资者的新股获配比例。

159. 主承销商如何行使超额配售选择权？

答：发行人股票上市之日起30个自然日内，发行人股票的市场交易价格低于发行价格的，获授权的主承销商有权使用超额配售股票募集的资金，在连续竞价时间以《上海证券交易所科创板股票交易特别规定》（以下简称《交易特别规定》）

规定的本方最优价格申报方式购买发行人股票，且申报买入价格不得超过本次发行的发行价。获授权的主承销商未购买发行人股票或者购买发行人股票数量未达到全额行使超额配售选择权拟发行股票数量的，可以要求发行人按照发行价格增发股票。

主承销商按上述规定以竞价交易方式购买的发行人股票与要求发行人增发的股票之和，不得超过发行公告中披露的全额行使超额配售选择权拟发行股票数量。

主承销商按上述规定以竞价交易方式买入的股票不得卖出。

实践操作中，主承销商行使超额配售选择权获得的股票，全部向网上投资者配售。

160. 超额配售部分股票的登记、上市工作如何安排？

答： 采用超额配售选择权的主承销商，可以在征集投资者认购意向时，与投资者达成预售拟行使超额配售选择权所对应股份的协议，明确投资者预先付款并同意向其延期交付股票。主承销商应当将延期交付股票的协议报上交所和中国结算上海分公司备案。

在超额配售选择权行使期届满或者累计购回股票数量达到采用超额配售选择权发行股票数量限额的5个工作日内，获授权的主承销商应当根据前述情况，向上交所和中国结算上海分公司提出申请，提供相应材料，并将超额配售选择权专门账户上的所有股份向同意延期交付股票的投资者交付。

161. **对于超额配售选择权有哪些信息披露要求？**

答：在超额配售选择权行使期届满或者累计购回股票数量达到采用超额配售选择权发行股票数量限额的2个工作日内，发行人与获授权的主承销商应当披露以下情况。

（1）超额配售选择权行使期届满或者累计购回股票数量达到采用超额配售选择权发行股票数量限额的日期。

（2）超额配售选择权实施情况是否合法合规、是否符合所披露的有关超额配售选择权实施方案要求、是否达到预期效果。

（3）因行使超额配售选择权而发行的新股数量。如未行使或部分行使，应当说明买入发行人股票的数量及所支付的总金额、平均价格、最高与最低价格。

（4）发行人本次筹资总金额。

（5）上交所要求披露的其他信息。

162. **若通过联合主承销商发行股票，超额配售选择权应该如何行使？**

答：通过联合主承销商发行股票的，发行人应授予其中1家主承销商超额配售股票及使用超额配售股票募集的资金从二级市场竞价交易购买发行人股票的权利。

六、科创板公司持续监管

（一）股份锁定和减持

163. 科创板公司控股股东、实际控制人应当遵守哪些股票锁定要求？

答：科创板公司控股股东、实际控制人须遵守以下股票锁定要求。

（1）所持股份自发行人股票上市之日起36个月内，不得转让或者委托他人管理其直接和间接持有的首发前股份，也不得提议由上市公司回购该部分股份。

（2）公司上市时未盈利的，在公司实现盈利前，控股股东、实际控制人自公司股票上市之日起3个完整会计年度内，不得减持首发前股份。自公司股票上市之日起第4个会计年度和第5个会计年度内，每年减持的首发前股份不得超过公司股份总数的2%，并应当符合《上海证券交易所上市公司股东及董事、监事、高级管理人员减持股份实施细则》（以下简称《减持细则》）关于减持股份的规定。

（3）公司实现盈利后，控股股东、实际控制人可以自当年年度报告披露后次日起减持首发前股份，但应当遵守其他股份减持规定。

164. 科创板战略配售股票的锁定期有多长？

答：科创板首次公开发行股票可以向战略投资者配售，战略投资者应当承诺获得本次配售的股票持有期限不少于12个月，持有期自本次公开发行的股票上市之日起计算。参与配售的保荐机构相关子公司应当承诺获得本次配售的股票持有期限为自发行人首次公开发行并上市之日起24个月。

165. IPO前已发行的科创板公司股份如何锁定？

答：科创板公司IPO前已发行的股份，除控股股东、实际控制人及公司董事、监事、高级管理人员、核心技术人员持有的股份须遵守前述锁定要求外，其他股东持有的股份自股票上市之日起12个月内不得转让。

166. 科创板公司股东持有的IPO前股份如何减持？

答：科创板在规范IPO前股东减持行为的同时，提供更为市场化的减持方式。股份锁定期满后，IPO前股东可以按照现行减持规则规定的减持比例、信息披露等要求减持股份，也可以按照上交所规定的非公开转让等方式减持IPO前股份。

167. 上市时未盈利公司的控股股东及实际控制人须遵守哪些减持要求？

答：上市时尚未盈利的公司在实现盈利前，其控股股东、实际控制人在公司上市后3个完整会计年度内不得减持首发前股份。第4个会计年度和第5个会计年度内，每年可以减持不超过公司股份总数的2%的首发前股份。此外，上市公司存在重大违法情形，触及退市标准的，在相关决定或判决作出之日至股票终止上市前，公司控股股东、实际控制人不得减持。上市公司或大股东存在被立案调查等现行减持规则规定的不得减持情形的，在规定期间内不得减持。

168. 上市时未盈利公司的董事、监事、高级管理人员和核心技术人员须遵守哪些减持要求？

答：上市时尚未盈利的公司在实现盈利前，其董事、监事、高级管理人员与核心技术人员在公司上市后3个完整的会计年度内，不得减持首发前股份。此期间内离职的，应继续遵守该规定。同时，董事、监事、高级管理人员与核心技术人员还应遵守相关规则中有关每年减持股份总比例及离职后转让限制等规定。此外，董事、监事、高级管理人员存在被立案调查等现行减持规则规定的不得减持情形的，在规定期间内不得减持。

公司实现盈利后，董事、监事、高级管理人员和核心技术人员可以自当年年度报告披露后次日起减持首发前股份，并遵守其他相关规定。

169. 科创板公司核心技术人员减持股份应遵守什么规定？

答：科创板公司核心技术人员自公司股票上市之日起12个月内和离职后6个月内不得转让首发前股份。自首发前股份限售期满之日起4年内，每年转让的首发前股份不得超过上市时所持公司首发前股份总数的25%，减持比例可以累积使用。上市时尚未盈利的公司，在实现盈利前，核心技术人员在3个完整会计年度内不得减持股份。

同时，核心技术人员还应遵守上交所《减持细则》中首发前股份限售期后减持集中竞价连续90日不超过总股本的1%、大宗交易连续90日不超过总股本的2%、协议转让单个受让方不低于总股本的5%、受让方6个月内受集中竞价转让约束的规定。

170. 科创板公司核心技术人员离职后就不再受减持规定的约束了吗？

答：《上市规则》对科创板公司核心技术人员离职后的股份减

持行为作出了严格规定。核心技术人员在减持受限的期限内离职的，仍应继续遵守限售期、减持比例等相关规定。

171. **科创板公司因存在重大违法行为而触及退市标准时，其控股股东、实际控制人及董事、监事、高级管理人员能否减持股票？**

答：上市公司存在规定的重大违法行为而触及退市标准的，自相关行政处罚决定或司法裁判作出之日至公司股票终止上市前，控股股东、实际控制人及董事、监事、高级管理人员等相关人员不得减持公司股份。

172. **科创板公司股东以询价转让方式减持所持有的首发前股份有哪些禁止性情形？**

答：股东存在《上市公司股东、董监高减持股份的若干规定》《减持细则》规定的不得减持股份情形的，不得进行询价转让。

科创公司控股股东、实际控制人、董事、监事、高级管理人员及核心技术人员不得在下列期间内启动、实施或者参与询价转让。

（1）科创公司定期报告公告前30日内（因特殊原因推迟定期报告公告日期的，自原预约公告日前30日起算，至实际公告前一日）；

（2）科创公司业绩预告、业绩快报公告前10日内；

（3）自可能对科创公司股票的交易价格产生较大影响的

重大事件发生之日或者在决策过程中，至依法披露后2个交易日内；

（4）中国证监会及上交所规定的其他期间。

根据《上市规则》的相关规定，科创公司处于年度报告披露期内但尚未披露年度报告的，控股股东、实际控制人不得参与询价转让。

173. 询价转让的受让方应满足什么要求？

答： 询价转让的受让方应当是具备相应定价能力和风险承受能力的机构投资者等。

符合《发行承销实施办法》关于科创板首次公开发行股票网下投资者条件的机构投资者或者上交所规定的其他机构投资者（含其管理的产品），可以参与询价转让的询价及认购。除上述规定的机构投资者外，已经在基金业协会完成登记的其他私募基金管理人（且其管理的拟参与本次询价转让的产品已经在基金业协会完成备案），可以参与询价转让的询价及认购。参与转让的股东可以与证券公司协商，在认购邀请书中约定受让方应当符合的其他条件。

下列投资者不得参与询价转让的询价及认购。

（1）参与转让的股东或者其委托的证券公司，或者与参与转让的股东或者其委托的证券公司存在直接、间接控制关系或者受同一主体控制的机构；

（2）前项所列机构的董事、监事、高级管理人员能够实施控制、共同控制或者施加重大影响的机构；

（3）与第一项所列人员或者所列机构的控股股东、实际控制人、董事、监事、高级管理人员关系密切的亲属能够实施控制、共同控制或者施加重大影响的机构；

（4）根据《上市公司收购管理办法》与参与转让的股东构成一致行动人，或者参与询价转让可能导致不当行为或者利益输送的其他机构。

上述所列人员或者机构持有权益的金融产品不得参与询价转让的询价及认购，但是依法以公开募集方式设立的证券投资基金和其他资产管理产品除外。

上述所称关系密切的亲属是指配偶、子女及其配偶、父母及配偶的父母、兄弟姐妹及其配偶、配偶的兄弟姐妹、子女配偶的父母。

174. 询价转让的受让方减持股份有哪些要求？

答：受让方通过询价转让受让的股份，在受让后6个月内不得转让；所受让股份不属于《减持细则》规定的特定股份，不适用特定股份减持的规定。

前款规定的不得转让期限届满后，持股5%以上的受让方卖出所受让股份的，适用《减持细则》关于大股东减持的规定。

（二）再融资与并购重组

175. 科创板上市公司公开发行证券应当符合哪些规定？

答：（1）具备健全且运行良好的组织机构，现任董事、监事和高级管理人员具备法律、行政法规规定的任职资格。

（2）具有完整的业务体系和直接面向市场独立经营的能力，不存在对持续经营有重大不利影响的情形。

（3）会计基础工作规范，内部控制制度健全且有效执行，财务报表的编制和披露符合企业会计准则和相关信息披露规则的规定，在所有重大方面公允地反映了上市公司的财务状况、经营成果和现金流量，最近三年财务会计报告被出具标准无保留意见审计报告。

176. 科创板上市公司如何进行小额快速再融资？

答：科创板再融资制度设计了向特定对象发行股票适用的简易程序，对于运营规范的科创板上市公司，年度股东大会可以根据公司章程的规定，授权董事会决定向特定对象发行融资总额不超过人民币3亿元且不超过最近一年末净资产20%的股票。上交所受理简易程序的申请后，对于保荐人发表明确肯定核查意见的，将不再进行审核问询，自受理之日起3个工作日内出具审核意见并报中国证监会注册，中国证监会将自收到交易所审核意见后3个工作日内作出予以注册或不予注册的决定。

177. 科创板并购重组制度有何重要变化？

答：为了在科创板建立高效的并购重组机制，根据《实施意见》，科创板公司实施并购重组，涉及发行股票的，实行注册制，由上交所审核通过后，报经证监会履行注册程序。

178. 科创板公司并购重组由谁审核？

答：科创板公司并购重组统一由上交所审核，包括发行股份购买资产等事项。具体审核标准及规则体系由上交所规定，报经证监会批准。

179. 科创板为何要求上市公司重大资产重组与主营业务具有协同效应？

答：设立科创板并试点注册制是资本市场进一步落实创新驱动发展战略，服务于提高我国关键核心技术创新能力的重要措施。基于科创板对行业、技术方面的特别要求，为促进科创板公司专注主营业务，引导上市公司做优做强，科创板并购重组制度明确要求标的资产符合科创板定位并与科创板公司主营业务具有协同效应，一般而言，并购标的应当与科创板公司处于同行业或上下游。

（三）终止上市

180. 如何理解科创板严格实施退市制度？

答： 科创企业技术模式新、发展潜力大，但盈利能力也存在较大不确定性。如果经营失败，往往难以依靠原有模式走出低谷，继续留在市场可能会加剧投机炒作，形成"炒小、炒差"的市场预期，容易导致科创板市场定价功能紊乱，无法达到优化资源配置的目的。为此，必须实行与科创板板块特征、上市公司特点相适应的退市制度。具体体现为"三个更严"。

一是退市标准更严。在重大违法类强制退市方面，吸收了最新退市制度改革成果，明确了信息披露重大违法和"五大安全"重大违法等重大违法类退市情形。

二是退市程序更严。简化退市环节，取消暂停上市和恢复上市程序，对于应当退市的企业直接终止上市，避免重大违法类、主业"空心化"的企业长期滞留市场，扰乱市场预期和定价机制。不再设置专门的重新上市环节，已经退市企业如果符合科创板上市条件，可以按照股票发行上市注册程序和要求提出申请、接受审核。但是，因重大违法强制退市的公司，不得提出新的在科创板发行上市的申请，永久退出市场。

三是退市执行更严。如果上市公司营业收入主要来源于与主营业务无关的贸易业务或者不具备商业实质的关联交易收入，有证据表明公司已经明显丧失持续经营能力，那么将按照规定的条件和程序启动退市。

此外，科创板公司股票被实施退市风险警示期间，不进入上交所风险警示板交易，不适用风险警示板交易的相关规定。

181. 科创板为什么取消了暂停上市程序？

答：为避免重大违法类、主业"空心化"的企业长期滞留市场，扰乱市场预期和定价机制，影响资源配置效率，科创板退市制度简化退市程序，取消了暂停上市程序，对应当退市的企业终止上市。

取消暂停上市后，科创板公司的退市时间将会大幅缩短，触及退市标准的公司将被及时清出市场。

182. 科创板对退市整理期股票交易有什么特殊安排？

答：科创板公司进入退市整理期的，其简称前会冠以"退市"标识。与上交所主板一样，科创板公司退市整理期为30个交易日，公司股票在退市整理期内全天停牌的，停牌期间不计入退市整理期，但停牌天数累计不得超过5个交易日。

183. 科创板公司强制终止上市的标准是什么？

答：科创板公司强制终止上市的标准包括以下四类。

第一类是重大违法类强制退市，包括信息披露重大违法和"五大安全"重大违法行为。

第二类是交易类强制退市，包括累计股票成交量、股票收盘价、市值、股东数量持续低于一定指标等。

第三类是财务类强制退市，明显丧失持续经营能力的，包括主营业务大部分停滞或者规模极低、经营资产大幅减少导致无法维持日常经营等。

第四类是规范类强制退市，包括公司在信息披露、定期报告发布、公司股本总额或股权分布等方面触及相关指标等。

184. 科创板公司退市制度与其他板块有什么差异？

答： 一是从严规定交易类强制退市指标，调整交易量、股价、股东人数指标数值，增加市值类指标，指标体系更加丰富完整。

二是优化财务类强制退市指标，在定性基础上作出定量规定，多维度刻画丧失持续经营能力的主业"空心化"企业的基本特征，不再采用单一的连续亏损退市指标。

三是不再设置暂停上市和恢复上市程序，终止上市的程序更为简明、清晰。

185. 什么是欺诈发行？

答： 根据《注册管理办法》第六十七条的规定，欺诈发行是指发行人不符合发行上市条件，以欺骗手段骗取发行注册的行为。

186. 现行法律法规对欺诈发行企业及其保荐人有什么惩罚措施？

答：现行法律法规对欺诈发行企业及其保荐人的惩罚措施主要包括行政处罚及刑事处罚，具体如下。

（1）《证券法》。《实施意见》规定，对以欺骗手段骗取发行注册等违法行为，依照《证券法》规定依法从重处罚。

《证券法》第一百八十一条规定："发行人在其公告的证券发行文件中隐瞒重要事实或者编造重大虚假内容，尚未发行证券的，处以二百万元以上二千万元以下罚款；已经发行证券的，处以非法所募资金金额百分之十以上一倍以下的罚款。对直接负责的主管人员和其他直接责任人员处以一百万元以上一千万元以下的罚款。

发行人的控股股东、实际控制人组织、指使从事前款违法行为的，没收违法所得，并处以违法所得百分之十以上一倍以下的罚款；没有违法所得或者违法所得不足二千万元的，处以二百万元以上二千万元以下的罚款。对直接负责的主管人员和其他直接责任人员，处以一百万元以上一千万元以下的罚款。"

《证券法》第一百八十二条规定："保荐人出具有虚假记载、误导性陈述或者重大遗漏的保荐书，或者不履行其他法定职责的，责令改正，给予警告，没收业务收入，并处以业务收入一倍以上十倍以下的罚款；没有业务收入或者业务收入不足一百万元的，处以一百万元以上一千万元以下的罚款；

情节严重的，并处暂停或者撤销保荐业务许可。对直接负责的主管人员和其他直接责任人员给予警告，并处以五十万元以上五百万元以下的罚款。"

（2）《刑法》。《刑法》第一百六十条规定，"在招股说明书、认股书、公司、企业债券募集办法中隐瞒重要事实或者编造重大虚假内容，发行股票或者公司、企业债券，数额巨大、后果严重或者有其他严重情节的，处五年以下有期徒刑或者拘役，并处或者单处非法募集资金金额百分之一以上百分之五以下罚金。

单位犯前款罪的，对单位判处罚金，并对其直接负责的主管人员和其他直接责任人员，处五年以下有期徒刑或者拘役。"

187. 如何从行政、刑事上严厉打击科创板欺诈发行行为？

答：股票市场本质上是以信息为基础的交易市场，信息的质量决定着资本流动的方向及资源配置的效率与效果。科创板要真正落实以信息披露为中心的证券发行注册制，必须进一步加强信息披露监管，充分利用现有法律资源严厉打击欺诈发行等违法行为。证监会正在积极利用法律修改的机会，配合国家立法机关进一步强化对欺诈发行的行政、刑事法律责任追究。同时，运用好社会诚信体系，提升欺诈发行失信成本。具体包括：

一是强化行政处罚力度。对于科创板欺诈发行行为，除了可以依照《证券法》第一百八十一条从重处罚外，科创板相关规则还明确规定，自欺诈行为确认之日起5年内，证监会将不再接受发行人的公开发行申请，并且可以对相关责任人采取认定为不适当人选或采取市场禁入的措施。

二是提高刑事责任成本。在已提请全国人大常委会审议的刑法修正草案（十一）中，对提高资本市场违法成本进行了重点关注，与新《证券法》相关条款进行联动对接，加大对欺诈发行行为在刑事方面的打击力度。如提高欺诈发行和违规披露的刑罚，明确控股股东、实际控制人的刑事责任，让违法犯罪者承担应有的责任。

三是充分运用失信联合惩戒机制。诚信监管是证监会近年来创新监管方式、提升违法失信成本的重要手段。2019年6月28日，证监会联合其他社会信用体系建设成员单位，出台了关于加强科创板注册制试点信息共享与联合惩戒的专门文件。针对欺诈发行，可以采取限制有关责任人员担任公司董事、监事、高级管理人员或国有企业法定代表人，享受政府性资金项目安排和其他投资领域优惠政策，乘坐火车高级别席位等方式进行失信惩戒，以切实提升欺诈发行违法行为的失信成本。

四是抓紧推进中国特色证券集体诉讼制度落地。进一步加大投资者合法权益的保护力度，针对损害投资者合法权益的证券欺诈民事侵权行为，充分发挥投资者保护机构的作用，允许其接受50人以上投资者的委托作为代表人参加诉讼；允许投资者保护机构按照证券登记结算机构确认的权利人，向人民法院登记诉讼主体；建立"默示加入""明示退出"的诉讼机制，为投资者维护自身合法权益提供方便的制度安排。

五是完善代表人诉讼制度。目前，已有相关法院出台了代表人诉讼的规定，系统规定了代表人诉讼的规范化流程，包括立案与权利登记、代表人选定等；明确回应了各类代表人的诉讼难点问题，如代表人的推选、权限范围、诉讼和解等；设立代表人诉讼在线平台，实现权利登记、公告通知、电子送达等诉讼程序的便利化，使证券集体诉讼在司法实践中更具有操作性。

188. 科创板为什么要规定责令购回制度？

答：责令购回是指由有权机关要求欺诈发行的上市公司及其控股股东、实际控制人买回已发行股票的制度。《实施意见》借鉴境外经验建立了责令购回制度，明确"对欺诈发行上市的，可以责令上市公司及其控股股东、实际控制人按规定购回已上市的股份"。证监会发布的《注册管理办法》第六十八条也规定："对发行人存在本办法第六十七条规定的行为并已经发行上市的，可以依照有关规定责令上市公司及其控股股东、实际控制人在一定期间从投资者手中购回本次公开发行的股票。"

（四）股权激励

189. **科创板在优化股权激励制度方面有哪些新的制度安排？**

答：股权激励作为资本市场服务于科创公司的一项重要制度安排，是科创公司吸引人才、留住人才、激励人才的一项核心制度。

科创板优化现行股权激励制度的目的是体现鼓励创新、激励创新、奖励创新的政策导向，激发科研人员和管理人员创新创业的积极性，使股权激励真正成为科创公司实施科技创新的有效工具。

主要措施包括放宽股权激励的对象范围、放宽限制性股票的价格限制、提高实施股权激励的比例、增加股权激励实施方式的便利性等。同时，考虑到境内资本市场的发展阶段，科创板股权激励制度要求设置合理的公司业绩和个人绩效等考核指标。

190. **科创板公司的股权激励对象有哪些？**

答：科创板公司的股权激励对象可以包括上市公司的董事、高级管理人员、核心技术人员或者核心业务人员，以及公司认为应当激励的对公司经营业绩和未来发展有直接影响的其他员工，独立董事和监事除外。单独或合计持有上市公司5%以上股份的股东、上市公司实际控制人及其配偶、父母、子女以及上市公司外籍员工，在上市公司担任董事、高级管理人员、核心技术人员或者核心业务人员，满足相应条件的，也可以成为激励对象。

191. 科创板为什么放宽了限制性股票的价格限制？

答：按照现行规定，限制性股票的授予价格和股票期权的行权价格，原则上不得低于规定交易日均价（指股权激励计划草案公布前1个交易日均价与前20个、60个或120个交易日均价之一中较高者）的50%，在一定程度上影响了股权激励方案的灵活度和激励效果。从境外主要资本市场实践看，普遍不对限制性股票的授予价格进行限制。为增强制度灵活性，便利上市公司激励并留住人才，科创板股权激励制度放宽了价格限制，允许其低于规定交易日均价的50%。同时，为了避免激励工具被不当使用，要求股权激励方案必须通过股东大会审议，中介机构还应当对股权激励计划是否有利于公司持续发展、定价是否合理、是否损害上市公司利益及对股东利益的影响发表专业意见。

192. 科创板为提高股权激励实施方式的便利性做了哪些安排？

答：按照现行规定，限制性股票计划经股东大会审议通过后，上市公司应当在60日内授予权益并完成登记。从实践看，部分上市公司授予限制性股票后，由于未达到行权条件，需要回购注销。为便利公司实施激励，科创板股权激励制度对限制性股票的授予及登记进行了优化，允许公司先授予限制性股票，在激励对象满足相应条件后分次获得并登记。公司采取前述方式实施股权激励的，取消60日的期限限制，允许激励对象满足激励条件后，再行将限制性股票登记至其名下。激励条件包含12个月以上任职期限的，在授予股份登记后，可不再设置限售期。

193. 科创板如何规定实施股权激励的比例？

答：科创板股权激励制度提高了上市公司股权激励股份占股本总数的比例上限，明确全部在有效期内的股权激励计划所涉及的股票总数，累计不得超过公司总股本的20%（现行为10%）。

（五）信息披露

194. 具有红筹架构，控股股东、实际控制人位于境外且持股层次复杂的科创板公司须遵守什么信息披露要求？

答：在满足持续信息披露要求的基础上，红筹企业除公司治理有关事项可以适用境外注册地公司法，信息披露要求与境内企业基本一致。境外上市红筹企业在境外市场披露信息的，应及时在境内披露且内容应当一致。红筹企业存在协议控制架构的，应当充分、详细披露相关情况、风险和投资者保护措施。红筹企业发行存托凭证的，应当披露存托机构、存托安排等的变化。

195. 科创板公司在持续督导期间应如何披露科研水平、科研人员数量、科研资金投入？

答：持续督导期间，科创板公司应结合所属行业特点，充分披露行业经营信息，有针对性地充分披露科研水平、科研人员数量、科研资金投入等相关信息，充分揭示可能对公司核心竞争力、经营稳定性以及未来发展产生重大不利影响的风险因素。尚未盈利的，应当充分披露尚未盈利的成因，以及对公司现金流、业务拓展、人才吸引、团队稳定性、研发投入、战略性投入、生产经营可持续性等方面的影响。同时，中介机构应履行持续督导职责，科创板公司出现核心技术人员离职、核心知识产权丧失、主要产品研发失败等科研相关情形的，中介机构应当对相关事项发表意见并披露。

七、科创板股票交易制度

196. 科创板股票交易制度是如何设定的？

答：科创板股票交易制度总体上与其他板块相同。基于科创板上市公司特点和投资者适当性要求，科创板建立了更加市场化的交易机制。

一是在新股上市前5个交易日不设涨跌幅限制，此后涨跌幅限制设定为20%。

二是提高每笔最低交易股票数量，单笔申报数量应当不小于200股。

三是科创板股票上市首日起可作为融资融券标的，促进融资融券业务均衡发展。

四是在竞价交易的基础上，条件成熟时引入做市商制度。

五是引入盘后固定价格交易方式，在每个交易日收盘集合竞价结束后，15:05~15:30上交所交易系统按照时间优先顺序对收盘定价申报进行撮合，并以当日收盘价成交。

科创板运行一段时间后，由上交所对交易制度进行综合评估，必要时加以完善。

197. 如何理解科创板特有的交易制度安排？

答：科创板特有的交易制度安排在切实保障市场流动性、有效提高定价效率、促进市场价格形成机制更好地发挥作用的同时，着力做好相应的风险防控机制设置，防止非理性炒作，促进市场平稳运作。突出表现在以下两方面。

一是在发行上市的初期，科创板取消了新股上市首日价格最大涨跌幅44%的限制，在新股上市的前5个交易日不设涨跌幅限制。从境外市场看，新股上市的前5个交易日通常是价格形成期，股价波动较大，此后趋于平稳。为了防范不设涨跌幅限制可能带来股票价格剧烈波动的情况，科创板设置了新股上市前5日盘中临时停牌机制。在盘中成交价格较当日开盘价首次上涨或下跌达到30%、60%时，分别停牌10分钟，停牌期间可以继续申报或撤销申报，复牌时实行集合竞价撮合。盘中临时停牌机制除了能够给予市场一段冷静期、减少非理性炒作外，还能防范"乌龙指"等错误订单的形成。

二是除上市后的前5个交易日外，科创板将现行10%的涨跌幅限制适当放宽至20%，以提高市场价格发现机制的效率。为了防范取消和放宽涨跌幅限制而导致股价大涨大跌，科创板在连续竞价阶段引入有效申报价格范围（"价格笼子"）机制，规定了限价申报要求，买入申报价格不得高于买入基准价格的102%，卖出申报价格不得低于卖出基准价格的98%，不符合要求的申报将被系统拒绝，不能成交。市价申报不受此限制。

198. 如何应对科创板新股上市前5日可能出现的盘中价格波动过大情形？

答：上交所通过优化有效申报价格范围制度、优化现有临时停牌制度等措施，切实防止可能出现的股票价格剧烈波动，维护市场稳定。一是引入有效申报价格范围（"价格笼子"）机制，以防止股价大涨大跌。二是新股上市前5日设置盘中临时停牌机制，给市场一段冷静期，减少非理性炒作，同时还能防范"乌龙指"等错误订单情形。此外，科创板完善了融券机制以促进市场多空平衡，股票自上市首日起可作为融资融券标的。

199. 科创板竞价交易接受哪几种方式的市价申报？

答：科创板可以接受以下方式的市价申报。

（1）最优五档即时成交剩余撤销申报。

（2）最优五档即时成交剩余转限价申报。

（3）本方最优价格申报。

（4）对手方最优价格申报。

（5）上交所规定的其他方式。

市价申报适用于有价格涨跌幅限制股票与无价格涨跌幅限制股票连续竞价期间的交易。

200. 科创板股票交易市价申报与上交所其他板块有什么区别？

答：（1）市价申报类型不同。科创板股票交易增加了两种市价申报，分别是本方最优价格申报、对手方最优价格申报。上交所其他板块只有两种市价申报，分别是最优五档即时成交剩余撤销申报、最优五档即时成交剩余转限价申报。

（2）市价申报数量不同。科创板股票市价申报的单笔申报数量大于或等于200股，且不超过5万股。上交所其他板块的市价申报的单笔申报数量大于或等于100股，且不超过100万股。

（3）适用情形不同。科创板交易的市价申报适用于有价格涨跌幅限制情形和无价格涨跌幅限制情形下的连续竞价阶段。上交所其他板块的市价申报只适用于有价格涨跌幅限制情形下的连续竞价阶段。

201. 什么情形属于异常波动和严重异常波动？

答： 科创板股票竞价交易出现下列情形之一的，属于异常波动。

（1）连续3个交易日内日收盘价格涨跌幅偏离值累计达到±30%。

（2）证监会或者上交所认定属于异常波动的其他情形。

科创板股票竞价交易出现下列情形之一的，属于严重异常波动。

（1）连续10个交易日内3次出现上述规定的同向异常波动情形。

（2）连续10个交易日内日收盘价格涨跌幅偏离值累计达到+100%（-50%）。

（3）连续30个交易日内日收盘价格涨跌幅偏离值累计达到+200%（-70%）。

（4）证监会或者上交所认定属于严重异常波动的其他情形。

异常波动及严重异常波动指标自公告之日起重新计算。无价格涨跌幅限制的股票不纳入异常波动及严重异常波动指标的计算。上交所可根据市场情况，调整异常波动和严重异常波动的认定标准。

202. 为什么科创板每笔最低交易股票数量比主板高？

答：科创企业特别是未盈利企业经营不确定性大，风险相对较高，因此需要针对科创板设定专门的投资者门槛，以实现对投资者的保护。适当提高每笔最低交易股票数量一定程度上提高了投资者准入门槛，也是一种广义上的投资者适当性要求。

203. 个人投资者参与科创板股票交易的方式有哪些？

答：符合科创板投资者适当性管理要求的个人投资者可以通过证券公司申请开通科创板股票交易权限，使用沪市A股证券账户直接交易科创板股票。根据《交易特别规定》，个人投资者参与科创板交易应满足两项基本条件：（1）申请权限开通前20个交易日证券账户及资金账户内的资产日均不低于50万元（不包括该投资者通过融资融券融入的资金和证券）。（2）参与证券交易24个月以上。

对于未满足投资者适当性要求的投资者，可通过购买公募基金等方式参与科创板。公募基金的投资门槛低，投资者可根据自身情况选择主动型基金或者被动型指数基金（包括ETF）分享科创板的收益。

204. 科创板如何防范投机炒作？

答：为防止过度投机炒作，打击异常交易行为，上交所发布

《上海证券交易所科创板股票异常交易实时监控细则》(以下简称《科创板监控细则》),向市场公开了虚假申报、拉抬打压、维持股票交易价格或者交易量、自买自卖或互为对手方交易、严重异常波动股票申报速率异常等5大类共11种典型异常交易行为的监控标准。

此外,为防控市场风险,科创板还将出台有效价格申报范围、新股盘中临时停牌、市价订单保护限价等措施,并规定科创板股票自上市首日起可作为融资融券标的。

205. 科创板股票交易的申报时间是怎样规定的?

答: 投资者可以通过竞价交易、盘后固定价格交易、大宗交易三种方式参与科创板股票交易。

其中:(1)上交所接受交易参与人竞价交易申报的时间为每个交易日9:15~9:25、9:30~11:30、13:00~15:00。每个交易日9:20~9:25的开盘集合竞价阶段、14:57~15:00的收盘集合竞价阶段,上交所交易主机不接受撤单申报。其他接受交易申报的时间内,未成交申报可以撤销。

(2)上交所接受交易参与人收盘固定价格申报的时间为每个交易日9:30~11:30、13:00~15:30。开市期间停牌的,停牌期间可以继续申报。停牌当日复牌的,已接受的申报参加当日该股票复牌后的盘后固定价格交易。当日15:00仍处于停牌状态的,上交所交易主机后续不再接受收盘定价申报,当日已接受的收盘定价申报无效。

（3）上交所每个交易日接受大宗交易成交申报的时间为 9:30~11:30、13:00~15:30。

206. 科创板股票能否参与融资融券？

答： 科创板股票自上市首日起可作为融资融券标的。证券公司可以按规定借入科创板股票。符合条件的公募基金、社保基金、保险资金等机构投资者及参与科创板发行人首次公开发行的战略投资者，可以作为出借人，通过约定申报和非约定申报方式参与科创板证券出借。

科创板证券出借的标的证券范围，与上交所公布的可融券卖出的科创板标的证券范围一致。可通过约定申报和非约定申报方式参与科创板证券出借的证券类型包括无限售流通股、战略投资者配售获得的在承诺的持有期限内的股票及符合规定的其他证券。

207. 科创板股票能否用于股票质押回购？

答： 根据上交所发布的《关于科创板股票暂不作为股票质押回购及约定购回交易标的证券的通知》，为防范股票质押式回购交易、约定购回式证券交易业务风险，在科创板开板初期，科创板股票暂不作为股票质押回购及约定购回交易标的证券。后续如有调整，上交所将另行通知。会员应做好股票质押式回购交易、约定购回交易前端的检查控制，如因不当操作导致相关交易完成的，会员应及时要求融入方提前购回。对违反上述要求的会员，上交所将根据有关业务规则，采取相应监管措施和纪律处分。

208. 科创板实施做市商制度吗？

答：在科创板开板初期暂不实行做市商制度。科创板股票交易实行竞价交易，条件成熟时引入做市商机制，做市商可以为科创板股票提供双边报价服务。做市商应当根据上交所业务规则和做市协议，承担为科创板股票提供双边持续报价、双边回应报价等义务。

209. 科创板的交易时间与上交所其他板块有何异同？

答：投资者可以通过竞价交易、大宗交易、盘后固定价格交易三种方式参与科创板股票交易。

竞价交易的交易时间与其他板块相同。

大宗交易的交易时间有所不同，科创板大宗交易接受成交申报的时间为9:30~11:30、13:00~15:30，其他板块大宗交易接受固定价格申报的时间为15:00~15:30。

盘后固定价格交易为本次科创板新增的交易方式，交易时间与其他板块不同，为每个交易日的15:05~15:30。

210. 什么是盘后固定价格交易？

答：盘后固定价格交易是指在收盘集合竞价结束后，上交所交易系统按照时间优先顺序对收盘定价申报进行撮合，并以当日收盘价成交的交易方式。盘后固定价格交易的主要作用是满足跟踪指数的机构投资者以收盘价成交的需求，减少盘中大额交易对交易价格的冲击。

211. 盘中停牌的股票能不能进行盘后固定价格交易？

答：开市期间停牌的，停牌期间可以继续申报。停牌当日复牌的，已接受的申报参加当日该股票复牌后的盘后固定价格交易。当日15:00仍处于停牌状态的，上交所交易主机后续不再接受收盘定价申报，当日已接受的收盘定价申报无效。

212. 盘后固定价格交易可接受交易参与人的哪些收盘定价申报指令？

答：对于卖出方向的盘后固定价格申报，申报价格低于或等于收盘价格的，可以接受参与交易；高于收盘价格的，则该笔申报无效。对于买入方向的盘后固定价格申报，申报价格高于或等于收盘价格的，可以接受参与交易；低于收盘价格的，则该笔申报无效。

收盘定价申报指令应包含限价。若收盘价高于收盘定价买入申报指令的限价，则该笔买入申报无效；若收盘价低于收盘定价卖出申报指令的限价，则该笔卖出申报无效。

213. 科创板对收盘定价申报买卖股票有什么规定？

答：一是关于数量的规定。收盘定价申报买卖科创板股票的，单笔申报数量应大于或等于200股，且不得超过100万股。

二是关于即时行情的规定。每个交易日的9:30~11:30、13:00~15:00，收盘定价申报不纳入即时行情。15:05~15:30，收盘定价申报及成交纳入即时行情。

214. 科创板盘后固定价格交易与大宗交易盘后固定价格申报有什么区别？

答：（1）适用范围不同。盘后固定价格交易只适用于科创板股票，不适用于其他板块股票。大宗交易盘后固定价格交易不适用于科创板股票，但适用于其他板块股票。

（2）数量门槛不同。盘后固定价格交易的单笔申报最低数量为200股。大宗交易盘后固定交易的单笔申报最低数量为30万股，或200万元。

（3）数量上限不同。盘后固定价格交易的单笔申报数量有最高上限，为100万股。大宗交易盘后固定价格交易的大笔申报数量没有最高上限。

（4）接受申报时间不同。盘后固定价格交易的申报接受时间长，为每个交易日的9:30~11:30、13:00~15:00、15:05~15:30。大宗交易盘后固定价格交易的申报接受时间短，为每个交易日的15:00~15:30。

（5）成交时间不同。盘后固定价格交易的成交时间为每个交易日的15:05~15:30，按照时间优先原则，对所接受的申报进行逐笔连续撮合。大宗交易盘后固定价格交易的成交时间为申报时间结束后，即在15:30，按照时间优先原则，对所接受的申报进行一次性撮合。

215. 科创板有专门的指数吗？

答：在科创板推出初期，因为股票样本量不足，未编制科创板的指数。2020年6月19日，上交所公布了上证科创板50成分指数的编制方法，并宣布将于2020年7月22日收盘后发布指数历史行情，7月23日正式发布实时行情。

216. 科创板股票交易限价申报与上交所其他板块有何不同？

答：根据《交易特别规定》，通过限价申报买卖科创板股票的，单笔申报数量应当不小于200股，且不超过10万股。其他板块限价申报的单笔申报数量不小于100股，且不超过100万股。

217. 科创板对股票交易的信息披露有什么特殊安排？

答：科创板对股票交易的信息披露要求在涨跌幅、价格振幅、换手率、异常波动等事项的认定数值及情形方面都与主板存在一定的区别。

科创板有价格涨跌幅限制的股票竞价交易出现以下情形时，上交所会公布当日买入、卖出金额最大的5家券商营业部的名称和买卖金额。

（1）日收盘价格涨跌幅达到±15%的各前5只股票。

（2）日价格振幅达到30%的前5只股票，价格振幅的计算公式为：价格振幅=（当日最高价格-当日最低价格）/当日最低价格×100%。

（3）日换手率达到30%的前5只股票。

科创板竞价交易出现下列情形时，属于异常波动，上交所会公告该股票交易异常波动期间累计买入、卖出金额最大的5家券商营业部的名称及其买卖金额。

（1）连续3个交易日内日收盘价格涨跌幅偏离值累计达到±30%。收盘价格涨跌幅偏离值为单只股票涨跌幅与对应基准指数涨跌幅之差。基准指数由上交所向市场公告。

（2）证监会或者上交所认定属于异常波动的其他情形。

218. 科创板股票大宗交易与上交所其他板块有何异同？

答：科创板股票大宗交易不设固定价格申报类型，不适用上交所主板中关于大宗交易固定价格申报的规定。其他事项与上交所主板相同，可参照《上海证券交易所交易规则》的相关规定。科创板股票大宗交易在每个交易日接受成交申报的时间为9:30~11:30、13:00~15:30，上交所主板在每个交易日接受大宗交易申报的时间为9:30~11:30、13:00~15:30接受意向申报，9:30~11:30、13:00~15:30、16:00~17:00接受成交申报，15:00~15:30接受大宗固定价格申报。

219. 科创板股票的交易税费有哪些？

答： 科创板股票的交易税费由印花税、经手费、过户费和证管费组成，与其他板块的交易税费项目和费率均相同。

220. 如何防范科创板股价过大波动？

答：《交易特别规定》第十九条规定，上交所可以对科创板股票的有效申报价格范围和盘中临时停牌作出规定，并根据市场情况进行调整。根据《科创板监控细则》，上交所引入限价申报价格控制机制，要求买入申报价格不得高于当前最低卖出申报价格的102%，卖出申报价格不得低于当前最高买入申报价格的98%。上交所还设置差异化临时停牌机制，对于无价格涨跌幅的股票，盘中成交价格较当日开盘价首次上涨或下跌达到或超过30%、60%时，分别临时停牌10分钟。此外，科创板股票自上市首日起可以作为融资融券标的，中国证券金融股份有限公司和证券公司可借入科创板股票，丰富了券源，提升了市场多空平衡的稳定性。

221. 什么是科创板转融通证券出借业务？

答：科创板转融通证券出借业务是指证券出借人以一定的费率通过上交所综合业务平台向中国证券金融公司出借科创板证券，中国证券金融公司到期归还所借证券及相应权益补偿并支付费用的业务。

222. 通过约定申报和非约定申报方式参与科创板证券出借的证券类型分别有哪些？

答：通过约定申报和非约定申报方式参与科创板证券出借的证券包括无限售流通股、战略投资者配售获得的在承诺持有期限内的股票及符合规定的其他证券。

223. 科创板证券出借规则中对战略投资者有哪些规定？

答：一是符合条件的战略投资者，可以作为出借人，通过约定申报和非约定申报方式参与科创板证券出借。具体而言，战略投资者在承诺的持有期限内，可以向中国证券金融公司借出获得配售的股票。借出期限届满后，中国证券金融公司应当将借入的股票返还给战略投资者。该部分股票归还至战略投资者后，继续按战略投资者获配取得的股份管理。

二是战略投资者在承诺的持有期限内，不得通过与关联方进行约定申报、与其他主体合谋等方式，锁定配售股票收益、实施利益输送或者谋取其他不当利益。

224. 科创板证券出借规则中如何规定出借期限和申报数量？

答：通过非约定申报方式参与科创板证券出借的，出借人申报期限应当按中国证券金融公司公布的标准执行。申报数量应当符合以下规定：（1）单笔申报数量应当为100股（份）的整数倍。（2）最低单笔申报数量不得低于1000股（份），最大单笔申报数量不得超过1000万股（份）。（3）中国证券金融公司最低单笔申报数量不得低于1000股（份），最大单笔申报数量不得超过1亿股（份）。

通过约定申报方式参与科创板证券出借的，由出借人、借入人协商确定约定申报的数量和期限，但证券出借期限应在1~182天的区间内。申报数量也应符合上述通过非约定申报方式出借（1）、（2）的规定。

225. 什么是科创板转融券业务？

答：科创板转融券业务是指中国证券金融公司将自有或者依法筹集的科创板证券出借给证券公司，供其办理融券的业务。科创板转融券业务接受约定申报和非约定申报。

科创板转融券约定申报，由科创板转融券出借人、证券公司按照约定的申报要素，分别向上交所和中国证券金融公司发送指令。交易时间内，中国证券金融公司按照一一对应原则，实时向出借人借入科创板证券，再出借给证券公司。上交所根据约定申报成交数据，对出借人、中国证券金融公司和证券公司相关账户的可交易余额进行实时调整。

科创板转融券非约定申报,由证券公司根据业务需要,在交易时间内向中国证券金融公司进行盘中申报。中国证券金融公司盘后一次性按比例撮合成交,再由中国结算在日终根据成交数据进行证券划转。

226. 科创板战略配售股票能否用于融券?

答:可以。根据证监会《注册管理办法》第五十二条第三款的规定,战略投资者在承诺的持有期限内,可以按规定向中国证券金融公司借出获得配售的股票。借出期限届满后,中国证券金融公司应当将借入的股票返还给战略投资者。

227. 证券公司作为借入人参与科创板转融券业务需要具备什么条件?

答:证券公司作为借入人,通过约定申报和非约定申报方式参与科创板转融券业务,需要符合以下条件。

(1)具有融资融券业务资格,并已开通转融通业务权限。

(2)业务管理制度和风险控制制度健全,具有切实可行的业务实施方案。

(3)技术系统准备就绪。

(4)具备中国证券金融公司规定的其他条件。

228. 科创板转融券业务的申报时间是如何规定的？

答： 中国证券金融公司开展转融通业务的交易日为每周一至周五，国家法定节假日和上交所公告的休市日除外。

中国证券金融公司接受借入人转融券约定申报指令的时间为每个交易日的9:30~11:30、13:00~15:00。

科创板转融券约定申报指令未成交的，借入人可在15:00前撤销。非约定申报指令当日有效，在14:30前可撤销。

229. 科创板转融券业务的费率如何确定？

答： 科创板转融券业务接受约定申报和非约定申报。

通过约定申报方式参与科创板证券出借及科创板转融券业务的，费率由出借人、借入人协商确定，但应符合以下要求。

（1）借入人申报的费率=出借人申报的费率+科创板转融券费率差。

（2）借入人申报的费率不得低于或等于科创板转融券费率差。

上述科创板转融券费率差按中国证券金融公司公布的标准执行。中国证券金融公司可以根据市场供求等因素调整科创板转融券费率差。

通过非约定方式参与科创板证券出借及科创板转融券业务的，申报费率按中国证券金融公司公布的标准执行。

八、科创板投资者适当性管理及权益保护

（一）投资者适当性管理

230. 科创板为什么要设置较高的投资者适当性要求？

答：与主板、创业板相比，科创板旨在补齐资本市场服务科技创新的短板，聚焦于创新企业。一方面，创新企业的商业模式较为特殊，在发展潜力、经营风险等方面与成熟企业有较大差异。另一方面，科创板发行上市条件更具包容性，支持有一定营业收入规模但未盈利的企业上市，允许存在投票权差异、红筹企业等特殊企业上市，股票发行试点注册制。此外，科创板在发行承销、市场交易、退市等多个方面也进行了制度创新。相较其他板块，科创板的市场机制更为复杂，市场风险更高，对投资者的风险识别能力和风险承受能力有更高的要求。

为了保障科创板市场平稳运行，切实保护中小投资者权益，借鉴以往港股通、股票期权等创新业务适当性管理经验，科创板针对创新企业的特点，在资产、投资经验、风险承受能力等方面实施投资者适当性管理制度，个人投资者在申请开通科创板股票交易权限时，除了满足开通前20个交易日证券账户及资金账户内的资产日均不低于50万元，还应当具备24个月以上的证券交易经验。暂未达到前述要求的个人投资者，也完全可以通过购买公募基金份额等方式间接参与科创板。根据法律法规与基金合同约定，目前市场上多数股票型基金和混合型基金均可以参与科创板投资，部分基金公司还专门发起设立了科创主题基金等产品，投资者可以根据自身情况进行选择，通过公募基金参与科创板股票投资。

231. 较高的投资者适当性要求是否会影响科创板的流动性？

答：根据2019年2月初的测算，符合科创板适当性管理中50万元以上资产和24个月以上证券交易经验要求的沪市投资者人数为300余万人。上述个人投资者和机构投资者在沪市主板交易占比超过70%。从这个角度看，科创板关于个人投资者应符合的适当性要求的规定较为适当，不会影响科创板市场的流动性，且有助于防止市场过度投机炒作。对于不符合条件的中小投资者，鼓励其通过公募基金等产品参与科创板投资。

232. 科创板业务是否沿用《证券期货投资者适当性管理办法》中的投资者类别划分方式？

答：科创板业务沿用《证券期货投资者适当性管理办法》（以下简称《适当性管理办法》）中投资者类别的划分方式，将投资者分为普通投资者与专业投资者。其中，普通投资者在信息告知、风险警示、适当性匹配等方面相较于专业投资者享有特别保护。

科创板投资者适当性分别规定了个人投资者和机构投资者的准入条件。其中，个人投资者参与科创板股票交易，应满足相应的资产和投资经验等条件。机构投资者参与科创板股票交易，应当符合法律法规及上交所业务规则的规定。上述分类是从证券公司为投资者开通科创板股票交易权限过程中履行适当性义务的角度作出的规定。

233. 已开通港股通等上交所产品或业务交易权限的投资者是否可以直接参与科创板股票交易？

答：不可以。为保护投资者的合法权益，《交易特别规定》明确，科创板股票交易实行投资者适当性管理制度。参与科创板股票交易的投资者应当符合上交所规定的适当性管理要求，个人投资者还应当通过证券公司组织的科创板股票投资者适当性综合评估。已经开通港股通等交易权限的投资者拟参与科创板股票交易的，应向其委托的证券公司申请，由证券公司对其是否符合科创板股票投资者适当性条件进行核查，并对个人投资者的资产状况、投资经验、风险承受能力和诚信状况等进行综合评估。

234. **个人投资者开通科创板交易权限应当符合哪些条件？不满足开户条件的个人投资者应当如何参与科创板投资？**

答：科创板股票交易实行适当性管理制度。个人投资者参与科创板股票交易，应当符合上交所规定的适当性管理要求，具体包括：一是申请权限开通前20个交易日，证券账户及资金账户内的资产日均不低于人民币50万元（不包括该投资者通过融资融券融入的资金和证券）。二是参与证券交易24个月以上。三是上交所规定的其他条件。

　　个人投资者还应当通过证券公司组织的科创板股票投资者适当性综合评估。证券公司应评估个人投资者的资产状况、投资经验、风险承受能力和诚信状况等，并重点评估个人投资者是否了解科创板股票交易的业务规则与流程、是否充分知晓科创板股票投资风险。

　　不符合投资者适当性要求的中小投资者可以通过公募基金等产品参与科创板。

235. **科创板设置"50万元以上资产"这一投资者门槛的原因是什么？**

答：根据《交易特别规定》，参与科创板股票交易的个人投资者应当具有在申请权限开通前20个交易日不低于人民币50万元的日均资产以及24个月以上的证券交易经验。规定投资者应符合50万元以上日均资产的要求，主要出于以下几个方面的考虑。

一是从投资者权益保护角度看，科创板公司商业模式新，技术迭代快，业绩波动和经营风险相对较大，有必要实施适当性管理制度，规定参与科创板股票交易的投资者应符合的资产要求以及相应的风险承受能力，以保护投资者的合法权益。

二是从经验看，港股通、股票期权等创新业务均在适当性管理要求中明确了以个人投资者名义开立的证券账户及资金账户内的资产在申请权限开通前20个交易日日均不低于人民币50万元，取得了较好的效果。借鉴以往创新业务适当性管理的有效经验，兼顾投资科创板股票的风险特征和投资者应符合的风险承受能力，此次科创板业务也设置了个人投资者应符合不低于50万元的日均资产要求。

三是从数据测算看，现有A股市场符合日均资产不低于50万元要求的个人投资者及机构投资者，交易占比超过70%。总体上看，科创板设置相关资产的要求，兼顾了投资者风险承受能力和科创板市场的流动性。

236. 怎样开通科创板交易权限？

答：投资者参与科创板股票交易，应在符合投资者适当性条件后，向其委托的证券公司申请在已有的沪市A股证券账户上开通科创板股票交易权限，无须在中国证券登记结算有限公司开立新的证券账户。

237. 境外投资者是否可以参与科创板股票交易？

答：符合规定的外籍人员可以向中国证券登记结算有限公司的开户代理机构申请开立A股证券账户。已开通A股证券账户的外籍人员，在符合科创板投资者适当性管理相关要求后，可以申请在其已有的沪市A股证券账户上开通科创板股票交易权限，参与科创板股票交易。

238. 科创板投资者适当性管理有哪些持续监管要求？

答：根据《适当性管理办法》《交易特别规定》等规定，证券公司应当动态跟踪和持续了解个人投资者科创板交易情况，至少每2年进行一次风险承受能力的后续评估，全面了解参与科创板股票交易的投资者情况，确保投资者符合适当性管理相关规定。

239. 红筹公司对境内外科创板投资者的保护存在哪些差异？

答：红筹公司在境外注册设立，可能采用协议控制架构，其股权结构、公司治理、运行规范等事项适用境外注册地公司法等法律法规的规定，如果已经在境外上市，还需要遵守境外上市地相关规则。上述法律法规及相关规则对于境内外投资者的保护可能存在不同，主要表现在以下几个方面。

一是红筹公司股票类别，股东权利，股东大会，董事会、董事及高级管理人员的设置及权限，股东大会或者董事会的决议程序，公司利润分配政策，反收购措施安排等事项，可能与境内上市公司治理结构存在较大差异。投资者权利及其行使可能受到不同程度的限制。

二是红筹公司可以发行存托凭证，在科创板上市。红筹公司存托凭证的境内投资者可以依据境内《证券法》提起证券诉讼，但境内投资者无法直接作为红筹公司境外注册地或者境外上市地的投资者，依据当地法律制度提起证券诉讼，提起诉讼的权利可能受到一定程度的限制。

三是红筹公司注册地法律法规、境外上市地相关规则对当地股东和投资者提供的保护，可能与境内法律为境内投资者提供的保护存在差异，且境内投资者可能需要承担跨境行使权利或者维护权利的成本。

四是投资者是否可以根据境内法律，在境内法院获得以红筹公司为被告的诉讼裁决执行，取决于我国与红筹公司注册地国家或者地区的司法协助安排、红筹公司与境内实体运营企业之间的关系安排等。此外，由于红筹公司通常为离岸特殊目的公司，相关诉讼裁决可能无法得到有效执行。

（二）科创板风险及投资者教育

240. 个人投资者如何做好参与科创板股票交易的准备工作？

答：科创板在上市标准、交易规则等方面与其他板块有较大区别，交易风险也大于其他板块。这要求个人投资者在参与科创板股票交易时，进一步增强风险防范意识，重点关注以下几个方面的事项。

一是在规则适用上，科创板股票网上发行比例、网下向网上回拨比例、申购单位、投资风险特别公告发布等与目前上交所主板股票发行规则存在差异，投资者应当充分知悉并关注相关规则。

二是科创板新股发行价格、规模、节奏等坚持市场化导向，询价、定价、配售等环节由机构投资者主导，新股发行全部采用询价定价方式，询价对象限定在证券公司等七类专业机构投资者，个人投资者无法直接参与发行定价。

三是科创板市场可比公司较少，传统估值方法可能不适用，发行定价难度较大，股票上市后可能存在股价波动较大甚至破发的风险。类似情形在境外市场也经常出现。

四是就科创板企业而言，一方面，其所处行业和业务往往具有研发投入规模大、盈利周期长、技术迭代快、风险高，以及严重依赖核心项目、核心技术人员、少数供应商等特点，企业上市后的持续创新能力、主营业务发展的可持续性、公司收入及盈利水平等具有较大不确定性。另一方面，科创板企业可能存在首次公开发行前最近3个会计年度未能连续盈利、公开发行并上市时尚未盈利、有累计未弥补亏损等情形，上市后可能仍无法盈利、持续亏损或无法进行利润分配。

对于个人投资者而言，在参与科创板股票交易前，应当认真阅读有关法律法规、上交所业务规则及《科创板股票交易风险揭示书》等规定，全面了解和掌握可能存在的风险要素，做好足够的风险评估与财务安排，审慎参与科创板投资，避免遭受难以承受的损失。

241. 投资者如何了解和判断拟上市科创企业的投资价值？

答：投资者在参与科创板投资时，需适时调整以往在沪市主板等市场形成的投资习惯和判断企业投资价值的方式。

为了增强对拟上市企业的了解，投资者可登录上交所科创板股票发行上市审核网站（http://kcb.sse.com.cn/），查阅科创企业在发行上市审核过程中披露的招股说明书、发行保荐书、上市保荐书、审计报告、法律意见书等信息披露文件，关注科创企业发行上市受理、问询、上市委员会会议等关键节点的审核进度时间表以及上交所审核问询和发行人、保荐人、证券服务机构的回复内容，更全面地了解科创企业的情况，合理判断科创板拟上市企业的价值，理性参与科创板投资。

242. 投资者参与科创板股票交易需要关注哪些风险？

答：一是与科创板公司自身特点相关的风险。科创板公司上市后的持续创新能力、主营业务发展的可持续性、公司收入及盈利水平、利润分配等具有较大不确定性。

二是发行定价机制变化带来的风险。与主板不同，科创板新股发行的价格、规模、节奏坚持市场化导向，询价、定价、配售等环节由机构投资者主导。同时，网上发行比例、网下向网上回拨比例、申购单位、投资风险特别公告发布等规则，都与主板存在差异。

三是交易规则变化带来的风险。科创板股票交易的涨跌幅限制、交易方式、单笔申报数量、最小价格变动单位等规则，都与主板存在差异。

四是退市风险。科创板退市制度较沪市主板更为严格，退市时间更短，退市速度更快，退市情形更多，执行标准更严。

五是持续监管制度变化带来的风险。科创板在信息披露时点、披露方式、非交易时间对外发布重大信息等方面作出具有弹性的制度安排的同时，强化了行业信息、核心技术、经营风险、公司治理、业绩波动等事项的信息披露。

243. 投资者能否购买风险等级高于其风险承受能力等级的科创板股票？

答：可以购买，但有一定的限制条件。

证券公司在履行科创板适当性管理义务时，应当全面了解投资者情况，科学、有效地评估，充分揭示风险，基于投资者的不同风险承受能力以及科创板股票的风险等级因素，提出明确的适当性匹配意见，为适合参与科创板股票交易的投资者提供相应服务。

在科创板股票适当性综合评估中，证券公司应通过投资者填写投资者风险承受能力评估问卷等方式对其风险承受能力进行评估。对于投资者的风险承受能力等级与科创板股票风险等级相匹配的，证券公司可在与投资者签署"适当性匹配意见确认书"后，为其提供相关产品和服务。对于符合50万元资产和满24个月证券交易经验等适当性条件的投资者，证券公司在综合评估中已告知科创板股票风险等级高于其风险承受能力后，个人投资者仍然主动要求购买的，证券公司应在确认其不属于风险承受能力最低类别的投资者后，根据《适当性管理办法》等规定进行特别书面风险警示。个人投资者仍坚持购买的，在签署"产品或服务风险警示及投资者确认书"后，证券公司可向其提供相关服务。

244. 证监会如何加强科创板投资者教育及知识普及工作？

答：为进一步做好科创板投资者教育及知识普及工作，引导广大投资者正确认识设立科创板并试点注册制改革，深入了解科创企业特点和风险，理性参与科创板投资，证监会组织系统单位和市场主体，持续开展"走近科创 你我同行"为主题的投资者教育专项活动，为科创板营造良好环境。

一是推出多元化投教产品。通过不断制作并投放投资者问答、专家文章、案例解读、海报长图、动漫视频等投教产品，向投资者传播科创板知识，解读业务规则，传递正确投资理念。

二是举办公益性投教活动。持续开展专题讲座、座谈会、公开课、竞赛培训、户外宣传等内容丰富、形式多样的科创板投教活动，将科创板知识送进社区、学校、企业，引导投资者合规、理性投资。

三是提示科创板投资风险。通过投教基地、交易软件、证券营业场所、广播电视等渠道，发布投资者风险提示词条或短信，持续提醒投资者关注科创板投资风险，特别是高科技企业因特殊股权结构、未实现盈利等情况存在的风险。

四是回应投资者关注。通过服务热线、互动平台、投资者调查等途径，主动了解投资者对科创板公司的关注问题，督促市场经营机构落实投资者适当性等投资者保护要求，健全投资者沟通渠道和纠纷解决机制，及时处理投资者诉求。

（三）投资者权益保护

245. 科创板在新股发行定价环节如何保障中小投资者权益？

答：科创板坚持市场导向，通过建立市场化的发行定价机制，有效提升报价约束和定价专业性，同时也作出了有利于投资者权益保护的相关制度安排。具体包括以下几点。

一是全面采用市场化询价定价方式，将询价对象限定在证券公司等七类专业机构。同时，大幅提高网下发行数量占比，提升报价约束和定价专业性，压实"买者自负"责任，促进合理定价。

二是沿用现行剔除最高报价规定，设置同一网下投资者报价区间，防止网下投资者为博取入围随意报价、报高价的"搭便车"行为。

三是参考网下投资者报价平均水平定价，设置梯度风险警示机制，引导发行人和主承销商按照市场机构报价的平均水平定价。

四是要求路演推介时主承销商的证券分析师向网下投资者出具投资价值研究报告，发挥投资价值研究报告对发行定价的引导作用。

五是鼓励发行人的高级管理人员和核心员工参与战略配售，引入保荐机构"跟投"机制，平衡一级市场买卖双方力量，促进均衡定价。

六是设立科创板股票公开发行自律委员会，充分发挥指导、建议作用等。

通过上述六个方面的制度安排，科创板在新股发行定价环节着力维护投资者的合法权益。

246. 证券公司应如何保护科创板个人投资者的权益？

答： 作为资本市场的重要参与主体，证券公司应通过强化组织保障、提高责任意识等，切实保护参与科创板股票交易的个人投资者的合法权益。

一是在科创板发行上市审核阶段，证券公司要压严压实投行业务相关人员的责任，履行勤勉尽职尽责义务，落实好尽职调查义务和审慎把关责任，切实发挥资本市场"看门人"的作用。

二是充分了解客户，提示科创板相关风险。证券公司应不断完善内部基础制度，按照证监会和上交所相关规定和要求，严格落实科创板投资者适当性管理要求，把好投资者参与科创板交易的首道"保护关"。

三是不断加强科创板投资者教育工作，提升工作实效。证券公司应当根据证监会和上交所规定，制定科创板投资者教育工作制度，根据投资者的不同特点和需求，对投资者教育工作的形式和内容作出具体安排。及时向投资者转发或推送教育资料，通过公司官方网站、手机APP等多种渠道和方式，向投资者全面、客观地介绍科创板股票交易相关业务规则及风险事项，持续做好预期引导、理性教育等工作。

247. 违反科创板投资者适当性管理要求的机构会面临哪些惩罚措施？

答：《适当性管理办法》及相关配套制度对经营机构适当性

义务进行了详细规定，明确了经营机构违反上述义务时应承担的法律责任，并制定了与义务一一对应的监管措施与行政处罚措施。例如，经营机构向普通投资者主动推荐风险等级高于其风险承受能力的产品或服务的，将责令改正、没收违法所得并处以违法所得1倍以上5倍以下的罚款。经营机构对投资者进行告知、警示，内容存在虚假记载、误导性陈述或者重大遗漏，情节严重的，对直接负责的主管人员和其他直接责任人员撤销任职资格或证券从业资格。经营机构违反适当性管理办法规定的，证监会及其派出机构可以采取监管谈话、出具警示函等监管措施。

同时，上交所和行业协会也可以对违反科创板投资者适当性管理要求的机构采取通报批评、公开谴责、取消会员资格等自律惩戒措施，并视情节轻重向证监会或其派出机构通报或提出行政处罚建议。

248. 科创板如何加强投资者民事权益救济？

答： 科创板投资者合法权益受到侵害的，可以自主向法院提起诉讼。为了帮助投资者依法维护自身权益，针对实践中存在的民事权益救济机制不完善的问题，科创板还将重点从以下几个方面作出专门安排。

一是加强纠纷多元化解机制建设。由国家设立的投资者保护机构及其他证券期货调解组织，接受投资者等当事人申请，通过专业、高效和便捷的调解服务，帮助广大投资者妥善化解证券纠纷。

二是积极开展支持诉讼实践。针对中小投资者维权成本高于维权收益的窘境，由专门的投资者保护机构支持中小投资者依法维权，免费提供法律咨询、诉讼代理、损失计算、证据搜集等服务，从时间、精力、经济上有效降低投资者维权成本，提升维权的积极性。

三是创新实践示范判决机制。在科创板群体性纠纷中，法院对示范案件先行审理并及时作出判决，通过示范判决所确立的事实认定和法律适用标准，引导当事人通过调解、仲裁、诉讼等多元化解机制解决纠纷，以进一步降低投资者维权成本，提高矛盾化解效率。

四是研究建立责令购回制度。责令购回制度是针对欺诈发行行为专门设定的一种可以为投资者提供直接经济赔偿的行政监管手段，不仅能减轻投资者举证责任负担，节省巨额的诉讼费用，还可以大幅缩短获得赔偿的时间。目前，初步考虑对发行人存在欺诈发行行为并已经发行上市的，责令上市公司及其控股股东、实际控制人在一定期限购回本次公开发行的股票。

五是推动建立证券集体诉讼制度。证券集体诉讼是由权利受到损害的投资者以自己名义并代表与自己存在相同法律事实的人，向法院提起的诉讼。集体诉讼制度的核心在于"声明退出"机制，除非集体成员在一定的时间范围内，向法院明确表示自己不愿意被包括在集体诉讼中，否则集体诉讼的法律后果直接对该名成员产生法律拘束力，更加方便投资者维权。证券集体诉讼制度是提高上市公司质量、保护投资者合法权益和维护市场秩序的一项基础性制度，特别是在试点股票发行注册制的情况下，加快建立该制度尤为必要。

保护投资者合法权益是资本市场监管永恒的主题，但需要特别指出的是，投资者保护的目的在于建立公开透明的市场环境，让投资者获取公平的交易机会，得到公正的对待，而不在于保护投资者的投资获利。证券交易本身就存在风险，投资者需要对自己的投资决策负责，并承担相应的投资风险。希望广大投资者进一步增强自我保护能力，提高自我保护意识，切实维护自身合法权益。

249. 科创板在保护投资者权益方面作出了哪些制度安排？

答： 证监会高度重视科创板投资者的权益保护，在发行上市、上市公司治理、退市等各环节全链条嵌入相应的投资者权益保护要求。例如，在上市发行环节，建立健全以信息披露为中心的股票发行上市制度，提高信息披露质量，让投资者在信息充分的情况下作出投资决策。在上市公司治理方面，加强对设置特殊表决权企业、红筹企业、存托凭证等特殊类型企业的信息披露和风险提示要求，强化对特定股东股份减持、股权激励等行为的监管，加大对中小投资者的保护力度。在退市方面，强化对主动退市上市公司的投保要求和退市风险提示要求。强化中介机构责任，建立保荐人资格与新股发行信息披露质量挂钩机制，加大对中介机构违法违规行为处罚力度。

同时，科创板制定了符合我国实际的投资者保护专门制度，包括在《交易特别规定》中明确科创板投资者适当性管理要求、制定科创板股票交易风险揭示书必备条款、发布关于科创板投资者教育与适当性管理相关事项的通知、加强纠纷多元化解和赔偿救济机制建设等。

下一步，证监会将根据科创板建设发展情况和投资者保护工作需要，及时总结经验，持续研究完善科创板投资者权益保护机制安排，严厉打击欺诈发行、虚假陈述等违法行为，对以欺骗手段骗取发行注册等违法行为从重处罚，研究建立欺诈发行责令购回制度，责令欺诈发行上市的上市公司及其控股股东、实际控制人按规定购回已上市的股份，建立完善发行人和投资者之间的纠纷化解和赔偿救济机制，将发行人和相关中介机构及责任人的信用记录纳入国家统一信用信息平台，加强监管信息共享，完善失信联合惩戒机制。

250. 科创板投资者权益受到损害时如何向证监会申诉？

答： 2013年9月，"12386"中国证监会服务热线（以下简称热线）开通运行，成为证监会在法定职责之外设立的接收证券期货市场投资者诉求的公益服务渠道。

根据中国证监会公告〔2018〕32号，投资者在购买证券期货产品或接受相关服务时，与证券期货市场经营主体及其从业人员发生民事纠纷的，可以进行投诉。热线将接收的投诉转证券期货市场经营主体办理，或转证券期货调解组织提供调解服务。监管部门负责督促市场经营主体强化服务意识，切实履行投诉处理的首要责任。

投资者可在全国范围内直接拨打热线（免长途话费）。拨打时间为每周一至周五（法定节假日除外）上午9:00~11:30，下午13:00~16:30。热线同时接收证监会网站（www.csrc.gov.cn）"我要留言""给主席写信"栏目及中国证券投资者保护基金公司网站（www.sipf.com.cn）"12386投资者热线"栏目的投资者投诉、咨询及意见建议等事项。

热线接收投资者投诉、咨询、意见建议等诉求，不接收信访、举报。投资者提出信访事项、举报证券期货违法违规行为、申请信息公开、申请行政复议等，应当依照法律、行政法规或证监会相关规定另行提出。

251. 如何举报科创板交易中的违法违规行为？

答：投资者可向上交所、证监会举报中心举报科创板交易中涉嫌违反证券法律法规的行为。为便于举报的及时、有效处理，投资者需要提供明确的被举报人姓名（名称）、身份信息及涉嫌违反证券法律法规的具体违法事实、主要证据或者明确的线索等情况。信访事项、咨询服务请求、与市场经营主体的合同或服务纠纷等事项，可以通过其他相关渠道提出。

252. 如何强化对科创板违法违规行为的稽查执法？

答：证监会在现有监管执法工作机制的基础上，从线索发现、案件调查、行政处罚等方面对科创板可能出现的违法违规行为建立了专门的衔接工作机制，对虚假陈述、操纵市场、内幕交易、中介机构未能勤勉尽责等各类违法案件和线索全力盯防、及时处理，坚持"打早、打小、打疼"。强化与公安、司法机关的执法协作，严厉查处各类违法违规行为，切实提高违法成本，保障科创板平稳运行，保护投资者的合法权益。

九、设立科创板并试点注册制改革与创新试点的关系

253. 开展创新试点的背景和主要内容是什么？

答：2018年发布的《若干意见》明确支持创新企业在境内发行股票或者存托凭证。这是贯彻落实党的十九大精神和十三届全国人大一次会议《政府工作报告》的重要举措，是有效发挥资本市场服务实体经济作用的重大制度创新。

近年来，以信息技术为代表的新一轮科技和产业革命蓬勃兴起，代表新技术、新产业、新业态、新模式的创新企业不断涌现，对产业发展、经济转型升级具有引领作用和示范意义。但是，由于以往资本市场制度限制以及宏观改革措施尚未跟上，一批处于引领地位的创新企业已经在境外上市，

第二批快速成长的创新企业也在筹划上市。支持这类企业在境内发行上市，将有利于推动实体经济发展的质量变革、效率变革、动力变革，有利于增强境内市场的国际化水平和全球影响力，提升境内上市公司质量，使境内投资者能够分享新时代经济发展成果。

经过多年来的改革和发展，我国资本市场投资者成熟度、持续监管安排和发行上市监管能力有了较大提高，基础制度全面加强，市场容量稳步扩大，开放水平进一步提高，已经具备支持创新企业境内发行上市的基础条件。2018年"两会"期间，很多代表、委员也都提出了这方面的改革建议，推进这方面的制度创新已经水到渠成，形成广泛共识。

《若干意见》对支持创新企业在境内发行上市做了系统的制度安排，主要内容包括：一是明确境外注册的红筹企业可以在境内发行股票；二是推出存托凭证这一新的证券品种，并对发行存托凭证的基础制度作出安排；三是进一步优化证券发行条件，解决部分创新企业具有持续盈利能力，但可能尚未盈利或存在未弥补亏损的问题；四是充分考虑部分创新企业存在的特殊股权结构等问题，作出有针对性的安排。

254. 设立科创板并试点注册制和创新试点如何衔接关联？

答：设立科创板并试点注册制工作，与创新试点工作有序衔接。一是符合《若干意见》规定的红筹企业可以申请发行股票或存托凭证并在科创板上市。二是符合《若干意见》规定的境内注册企业,如果满足科创板的上市条件,也可以发行股票并在科创板上市。

255. 创新试点企业如何在科创板上市?

答:证监会经过深入研究,广泛借鉴国际市场的成熟经验,出台相应融资工具,设置相应的制度安排,供企业选择。符合试点条件的红筹企业,可以优先选择通过发行存托凭证在境内上市融资。符合股票发行条件的,也可以选择发行股票。符合试点条件的境内企业,可以直接在境内市场首次公开发行股票并上市。

256. 红筹企业申请发行股票或存托凭证并在科创板上市需符合哪些条件?

答:根据《实施意见》,符合《若干意见》《关于创新试点红筹企业在境内上市相关安排的公告》规定的红筹企业,可以申请发行股票或存托凭证并在科创板上市。

具体条件包括:一是已境外上市的大型优质红筹企业,市值不低于2000亿元人民币,或者市值200亿元人民币以上,且拥有自主研发、国际领先技术,科技创新能力较强,同行业竞争中处于相对优势地位。二是尚未在境外上市的红筹企业,最近一年营业收入不低于30亿元人民币且估值不低于200亿元人民币,或者营业收入规模快速增长,拥有自主研发、国际领先的技术,同行业竞争中处于相对优势地位。

根据《注册管理办法》和《上市规则》，营业收入快速增长，拥有自主研发、国际领先技术，同行业竞争中处于相对优势地位的尚未在境外上市红筹企业，申请在科创板上市的，市值及财务指标应当至少符合下列标准之一：一是预计市值不低于人民币100亿元。二是预计市值不低于人民币50亿元，且最近一年收入不低于人民币5亿元。

257. 科创板对特别表决权比例有何特殊规定？

答： 科创企业发行的特别表决权股份，是指每一股拥有的表决权数量大于每一普通股拥有的表决权数量的股份。为保护中小股东的合法权益，《上市规则》一方面允许科创企业设置特别表决权，另一方面也对特别表决权比例进行了严格的规范。主要包括：特别表决权股东在上市公司中拥有权益的股份合计应达到公司全部已发行有表决权股份的10%以上，尽可能将特别表决权股东的利益与上市公司的整体利益绑定在一起。公司上市后，除同比例配股、转增股本情形外，不得在境内外发行特别表决权股份，不得提高特别表决权比例，确保上市公司治理结构稳定和可预期。上市公司因股份回购等原因，可能导致特别表决权比例提高的，应当采取措施将相应数量的特别表决权股份转换为普通股份，保证特别表决权比例不高于原有水平。每份特别表决权股份的表决权数量应当相同，且不得超过每份普通股份的表决权数量的10倍，即普通股份一股一票，特别表决权股份至多一股十票，保证特别表决权股份与普通股份的表决权差异处于合理区间。

258. 持有特别表决权股份的股东行使权利时应注意什么？

答：为了督促特别表决权股东规范行使权利，《上市规则》明确规定，特别表决权股东不得滥用特别表决权，不得利用特别表决权损害投资者的合法权益。出现损害投资者合法权益情形的，公司或持有特别表决权的股东应当改正，并依法承担对投资者的损害赔偿责任。

259. 科创板如何保障普通表决权比例？

答：《上市规则》为充分保障普通股股东的合法权益，明确规定了特别表决权股份除表决权数量外，其他股东权利相同。确保单独或合计持股达到法定比例的股东，有权提议召开临时股东大会或提出股东大会临时提案，保护普通表决权股东的股东大会召集权和提案权。明确规定特别表决权股份永久和临时转换成普通表决权的具体情形，保障普通表决权股东在涉及自身利益的重大事项上，拥有必要的参与权和决策权。

260. 何种情形下特别表决权股份应转换为普通表决权股份？

答：为避免股东滥用权利，《上市规则》明确，出现下列情形之一的，特别表决权股份应当按照1∶1的比例转换为普通股份。

一是特别表决权股东丧失规定的主体资格或不再符合最低持股要求，或者丧失相应履职能力、离任、死亡。

二是特别表决权股东失去对相关持股主体的实际控制。

三是股东转让特别表决权股份或者将特别表决权股份的表决权委托他人行使。

四是公司控制权发生变更。

261. 对哪些事项行使表决权时，特别表决权股份的表决权数量与普通表决权股份相同？

答： 为保障普通表决权股东在涉及自身利益的重大事项上，拥有必要的参与权和决策权，《上市规则》明确，上市公司股东对公司章程修改、改变特别表决权股份享有的表决权数量、聘请及解聘独立董事或会计师事务所，以及对公司合并、分立、解散或变更公司形式等事项行使表决权时，每一特别表决权股份享有的表决权数量应与每一普通股份的表决权数量相同。

262. 科创板规则如何与存托凭证相关规则衔接？

答： 红筹企业申请发行存托凭证并在科创板上市的，适用《若干意见》《存托凭证发行与交易管理办法（试行）》的有关规定，但《实施意见》《注册管理办法》等制度对红筹企业发行存托凭证并在科创板上市另有规定的，适用其规定。

总体而言，科创板股票与存托凭证的发行、上市，在规则适用方面基本保持一致，规则仅针对存托凭证特有的事项，如存托机构及存托安排等作出了专门规定。对投资者而言，持有科创企业发行的存托凭证与持有股票所享有的权利也基本一致，但持有存托凭证并不等同于直接持有境外基础证券，股东权利须通过存托人代为行使。

300 Q&As on SSE STAR Market 263-271 ▶

十、设立科创板并试点注册制的保荐机构参与机制

263. 设立科创板并试点注册制对保荐机构有什么影响？

答：科创板坚持面向世界科技前沿、面向经济主战场、面向国家重大需求，主要服务于符合国家战略、突破关键核心技术、市场认可度高的科创企业，对发行、上市、信息披露、交易、退市等资本市场基础制度进行了重要改革，将对保荐机构产生较大影响。

一方面，保荐机构肩负更高的责任要求。设立科创板并试点注册制坚持市场导向，要求市场各方充分履职、有效制衡。保荐机构在核查把关、估值定价、保护投资者等方面的责任更加重大，因此需要持续提升专业服务能力和合规风控水平，切实发挥服务科技创新、服务国家战略的作用。同时，相关法律法规对保荐机构在科创板执业活动的监管要求更加严格、问责措施更为严厉，证监会和上交所一旦发现保荐机构存在违规行为，将从严从重进行处罚。

另一方面，保荐机构迎来更大的发展空间。科创板不是简单的"板"的增加，核心在于制度创新、在于改革，通过这些改革进一步增强包括科创板在内的资本市场的资源配置作用，进一步促进资本市场长期、稳定、健康发展。保荐机构若能抓住改革机遇，有效提升研究、定价、销售等核心能力，尽快实现转型提升，将在长期向好的中国资本市场中迎来更广阔的发展空间。

264. 科创板对试行跟投制度有何规定？

答：科创板试行保荐机构相关子公司跟投制度。发行人的保荐机构依法设立的相关子公司或者实际控制该保荐机构的证券公司依法设立的其他相关子公司，参与发行人首次公开发行战略配售，并对获配股份设定限售期。

保荐机构通过证监会和上交所认可的其他方式履行上述规定的，应当遵守证监会和上交所关于保荐机构相关子公司跟投的规定和监管要求。

265. 科创板为什么要试行保荐机构相关子公司跟投制度？

答：科创板试点注册制强调以信息披露为中心，充分发挥市场自我约束机制的作用。但是，现阶段我国资本市场仍以中小投资者为主，机构投资者数量相对较少、定价能力不足，在适应科创企业信息披露理解难度大、定价难度高等方面，无论是中小投资者还是机构投资者都需要一个过程。在科创板设立初期，有必要进一步强化保荐、承销等市场中介机构的鉴证、定价作用，以便形成有效的相互制衡机制。为此，科创板参考韩国科斯达克（KOSDAQ）市场的现有实践，试行保荐跟投制度，加大保荐机构的把关责任。

266. **保荐机构相关子公司参与跟投的比例范围、锁定期、信息披露要求是什么？**

答：跟投的比例范围为发行人首次公开发行股份数量的2%~5%。具体操作上，参与配售的保荐机构相关子公司应当事先与发行人签署配售协议，承诺按照股票发行价格认购发行人首次公开发行股票数量2%~5%的股票，具体比例根据发行人首次公开发行股票的规模分档确定。

（1）发行规模不足10亿元的，跟投比例为5%，但不超过人民币4000万元。

（2）发行规模在10亿元以上、不足20亿元的，跟投比例为4%，但不超过人民币6000万元。

（3）发行规模在20亿元以上、不足50亿元的，跟投比例为3%，但不超过人民币1亿元。

（4）发行规模在50亿元以上的，跟投比例为2%，但不超过人民币10亿元。

参与配售的保荐机构相关子公司应当承诺获得本次配售的股票持有期限为自发行人首次公开发行并上市之日起24个月。

发行人和主承销商应当在招股意向书和初步询价公告中披露向参与配售的保荐机构相关子公司配售的股票总量、认购数量、占本次发行股票数量的比例及持有期限等信息。

267. 科创板对保荐机构的持续督导责任有什么特殊要求？

答：强化保荐机构的持续督导职责，是科创板压严压实保荐机构责任在持续监管层面的重要体现。

一是延长持续督导期间。首次公开发行上市的持续督导期，为股票上市当年剩余时间和其后3个完整会计年度，较主板延长一年。

二是细化和明确保荐机构对于上市公司重大风险、重大异常情况的督导和信息披露责任。其一，保荐机构不仅要督促上市公司建立健全信息披露和规范运作制度，还应当关注上市公司日常经营和股票交易。其二，保荐机构应当督促公司披露重大风险等事项，并就重大风险的影响、是否存在其他未披露重大风险等，发表督导意见并披露。其三，对于公司出现重大异常或者风险迹象的，保荐机构应当进行现场核查，并披露核查报告。

268. 主承销商可以向哪些投资者收取经纪佣金？

答：承销商应当向通过战略配售、网下配售获配股票的投资者收取不低于获配应缴款一定比例的新股配售经纪佣金，承销商因承担发行人保荐业务获配股票或者履行包销义务取得股票的除外。

269. 如何确定新股配售经纪佣金？

答：承销商应当在发行与承销方案中明确新股配售经纪佣金的收取标准、收取方式、验资安排等事宜，并向上交所报备。新股配售经纪佣金费率应当根据业务开展情况合理确定，并在初步询价公告和发行公告中披露。

270. 科创板如何强化保荐机构的责任？

答：为进一步督促保荐机构归位尽责，设立科创板并试点注册制改革重点从以下几个方面对保荐机构提出了要求。

一是针对科创板和注册制的特点，有针对性地强化保荐机构在承销保荐、信息披露等方面的责任，包括要求保荐机构有针对性地完善保荐业务内部控制，充分了解发行人经营情况和风险，并对发行人的申请文件和信息披露资料进行全面核查验证。适当延长保荐机构持续督导期；在科创板市场设立初期试行跟投制度。加强对定价承销的事中、事后监管；建立保荐资格与信息披露质量挂钩机制等。

二是督促证券公司认真落实科创板投资者适当性要求。强化证券公司的投资者适当性管理义务和责任追究，引导投资者理性参与。

三是进一步加大监管执法力度，同时更好地发挥行业协会、证券交易所的自律管理作用。依法从重处罚各类违法违规行为，维护科创板市场的平稳、健康发展，切实保护投资者合法权益。

271. 证监会和上交所可以对违规保荐机构作出哪些处罚、处理？

答：证监会可以根据《证券发行上市保荐业务管理办法》《注册管理办法》等规定，采取出具警示函、监管谈话、责令进行业务学习、责令更换相关负责人、认定为不适当人选、暂不受理推荐、暂停保荐机构资格等监管措施，可以对有关责任人员采取证券市场禁入的措施。证监会也可以根据《证券法》规定，采取警告、没收业务收入、罚款、撤销相关业务许可等。

上交所可以根据《审核规则》《发行承销实施办法》《上市规则》等规定，采取相应的监管措施或者纪律处分。监管措施包括书面警示，监管谈话，要求限期改正，要求公开更正、澄清或者说明，以及要求限期参加培训或者考试等。纪律处分包括通报批评，公开谴责，一定期限内不接受保荐机构、保荐代表人提交的申请文件、信息披露文件等。

300 Q&As on SSE STAR Market

272-276 ▶

十一、设立科创板并试点注册制的法治保障

272. 最高人民法院为科创板注册制改革提供司法保障的若干意见对于改革有什么重要意义？

答：2019年6月，最高人民法院出台了《关于为设立科创板并试点注册制改革提供司法保障的若干意见》（以下简称《意见》）。《意见》的出台，对于科创板注册制的落地实施，以及妥善处理实施过程中可能会出现或者遇到的新情况、新问题、新纠纷，将会发挥非常重要的作用。同时，对于维护科创板投资者的合法权益、保障科创板的顺利运转和正常秩序也具有非常重要的意义。

一是有利于为各项改革措施平稳落地提供有力的司法保障。《意见》比较系统、全面地规定了有关设立科创板并试点注册制改革的各项司法保障措施，形成了坚实有力的司法保障体系。比如，通过强调完善以信息披露为中心的股票发行民事责任体系，与行政责任体系和刑事责任体系一起，构成了更为完整的法律责任保障体系；通过明确对涉及科创板的第一审案件进行集中管辖，为保持监管政策与司法裁判协调统一提供了司法体制机制保障；通过对股东大会有关差异表决权决议效力的认可，为科创板上市公司构建与科创板创新特点相适应的公司治理结构提供了司法支持；等等。

二是有利于促进市场各方主体的归位尽责。《意见》对注册制改革中发行人、中介机构、投资者等相关各方的职责定位作出了有针对性的规定和要求，进一步明确了相关市场主体的权利、义务和责任，对保障发行上市信息披露文件的真实性、准确性、完整性，提高上市公司质量，规范发行上市交易和相关中介服务活动，提供了更加有力的法律支持。

三是有利于切实有效保护投资者合法权益。《意见》明确将保护投资者合法权益作为证券审判的根本性任务之一。一方面，通过界定发行人、上市公司等各方主体对投资者应负的义务，明确相关主体从事欺诈发行、虚假陈述等证券违法行为的民事赔偿责任，进一步夯实了投资者的权利基础；另一方面，通过推动完善证券侵权纠纷案件的审判机制，注重完善并发挥代表人诉讼和示范判决机制的作用，以及推动建立证券集体诉讼和证券公益诉讼等与注册制相适应的民事诉讼制度机制,为投资者维权提供了更加便捷、高效的法律服务与保障。

273. 科创板在探索符合中国国情的证券民事诉讼制度方面做了哪些安排?

答:新修订的《证券法》探索建立了符合中国国情的证券民事诉讼制度,在科创板注册制改革中得到体现。具体来看,一是明确虚假陈述等证券民事诉讼可以适用人数不确定的代表诉讼制度,确定代表人、诉由、法院公告登记和判决裁定既判力,与现行《民事诉讼法》相关规定保持一致,裁判结果对已登记的投资者发生效力。二是充分发挥投资者保护机构的作用,在代表人诉讼基础上建立了以投资者保护机构为中心的证券集团诉讼制度。经50名以上投资者委托投资者保护机构成为诉讼代表人,通过证券登记结算机构确定所有投资者范围并直接向人民法院登记。三是通过投资者保护机构为所有投资者向法院代为登记制度,引入了裁判结果"默示加入""明示退出"机制。

274. 科创板案件管辖是怎么规定的?

答:《意见》明确,"在科创板首次公开发行股票并上市企业的证券发行纠纷、证券承销合同纠纷、证券上市保荐合同纠纷、证券上市合同纠纷和证券欺诈责任纠纷等第一审民商事案件，由上海金融法院试点集中管辖"。同时，对"以上海证券交易所为被告或者第三人与其履行职责相关的第一审金融民商事案件和行政案件，仍由上海金融法院管辖"，并"根据金融机构分布和金融案件数量情况，在金融案件相对集中的地区探索设立金融法庭，对证券侵权案件实行集中管辖"。

刑事案件方面没有科创板案件管辖的专门规定，适用一般的刑事案件的管辖规定。根据《刑事诉讼法》第二章第十九条和第二十条，"刑事案件的侦查由公安机关进行，法律另有规定的除外"，"基层人民法院管辖第一审普通刑事案件，但是依照本法由上级人民法院管辖的除外"。

275. 科创板实施注册制的法律依据有哪些？

答： 2015年12月27日全国人大常委会通过《关于授权国务院在实施股票发行注册制改革中调整适用〈中华人民共和国证券法〉有关规定的决定》，授权国务院对拟在上海证券交易所、深圳证券交易所上市交易的股票的公开发行，调整适用《证券法》关于股票公开发行核准制度的有关规定，实行注册制度，具体实施方案由国务院作出规定，报全国人民代表大会常务委员会备案。

2018年2月24日全国人大常委会通过《关于延长授权国务院在实施股票发行注册制改革中调整适用〈中华人民共和国证券法〉有关规定期限的决定》，明确，2015年12月27日第十二届全国人民代表大会常务委员会第十八次会议授权国务院在实施股票发行注册制改革中调整适用《证券法》有关规定的决定施行期限届满后,期限延长二年至2020年2月29日。

2019年12月28日,十三届全国人大常委会第十五次会议审议通过修订后的《证券法》,2020年3月1日正式实施。新修订的《证券法》贯彻落实十八届三中全会关于注册制改革的有关要求和十九届四中全会完善资本市场基础制度要求,按照全面推行注册制的基本定位,对证券发行制度做了系统的修改完善。

276. 科创板注册制的制度规则体系是什么样的?

答:目前,设立科创板并试点注册制改革已经形成了以《关于授权国务院在实施股票发行注册制改革中调整适用〈中华人民共和国证券法〉有关规定的决定》和《关于延长授权国务院在实施股票发行注册制改革中调整适用〈中华人民共和国证券法〉有关规定期限的决定》为基础,以《实施意见》为主干,包含证监会规章和规范性文件,上交所业务规则、细则和指引,以及中国结算相关规则在内的制度规则体系。截至2019年7月17日,证监会出台了《注册管理办法》和《持续监管办法》两部规章及科创板公司招股说明书格式准则等规范性文件。上交所、中国结算、中国证券业协会出台了涉及发行上市审核、发行承销、科创板公司持续监管、科创板股票交易、登记结算业务等方面的一系列规则、细则和指引。

十二、股票发行上市基础知识

277. 什么是公开发行和非公开发行？

答：《证券法》区分了公开发行与非公开发行的界限。《证券法》第九条的规定对公开发行证券行为进行了方式上和数量上的界定。一是向不特定对象发行证券；二是向特定对象发行证券累计超过二百人，但依法实施员工持股计划的员工人数不计算在内；三是法律、行政法规规定的其他发行行为。采用公开发行方式的有利之处在于：

（1）以众多的投资者为发行对象，筹集资金潜力大，适合证券发行数量较多、筹资额较大的发行人。

（2）可以采用广告等公开方式进行推销，便于发行的成功进行。

（3）就股票、存托凭证来讲，只有公开发行了一定比例的股票、存托凭证后方可申请在交易所上市，上市可增强证券的流动性，有利于提高发行人的社会信誉。

由于公开发行牵涉到的投资者较多，为了保障广大投资者的利益，公开发行的信息披露条件更加严格。

非公开发行是指以特定投资者为对象的发行。《证券法》第九条规定："非公开发行证券，不得采用广告、公开劝诱和变相公开方式。"相比公开发行，非公开发行对发行人的信息披露要求相对较低，发行程序相对简便。但是，非公开发行对投资者资质有一定要求，主要是资金雄厚、能承担风险、有判断能力的机构投资者。

278. 什么是首次公开发行股票？

答： 首次公开发行股票是指股份公司首次向社会公众公开发售股份。《证券法》第十二条规定，公司首次公开发行新股，应当符合下列条件。

（1）具备健全且运行良好的组织机构。

（2）具有持续经营能力。

（3）最近三年财务会计报告被出具无保留意见审计报告。

（4）发行人及其控股股东、实际控制人最近三年不存在贪污、受贿、侵占财产、挪用财产或者破坏社会主义市场经济秩序的刑事犯罪。

（5）经国务院批准的国务院证券监督管理机构规定的其他条件。

上市公司发行新股，应当符合经国务院批准的国务院证券监督管理机构规定的条件，具体管理办法由国务院证券监督管理机构规定。

公开发行存托凭证的，应当符合首次公开发行新股的条件以及国务院证券监督管理机构规定的其他条件。

279. 什么是上市？

答： 从广义的概念上讲，上市是指公司将其已发行的股票或者其他证券在证券交易场所挂牌交易的行为。上市也是公司所发行的证券从小范围转让走向公开市场流通的主要渠道。

我国证券领域所说的上市，指《证券法》规定的，股份有限公司将其经国务院证券监督管理机构核准或者注册已经公开发行的股票或者其他证券，在上交所、深交所挂牌公开交易的行为。上市后，股份有限公司即称为上市公司，公司及相关信息披露义务人须严格履行持续信息披露义务以及《证券法》的其他相关规定。

280. 什么是证券发行上市保荐制度？

答： 证券发行上市保荐制度是指公司公开发行证券及证券上市时，应当聘请具有保荐业务资格的证券公司履行保荐职责。保荐机构及其保荐代表人、其他从事保荐业务的人员应当遵守法律、行政法规和中国证监会、证券交易所、中国证券业协会的相关规定，恪守业务规则和行业规范，诚实守信，勤勉尽责，尽职推荐发行人证券发行上市，持续督导发行人履行规范运作、信守承诺、信息披露等义务。

《证券法》第十条规定："发行人申请公开发行股票、可转换为股票的公司债券，依法采取承销方式的，或者公开发行法律、行政法规规定实行保荐制度的其他证券的，应当聘请证券公司担任保荐人。保荐人应当遵守业务规则和行业规范，诚实守信，勤勉尽责，对发行人的申请文件和信息披露资料进行审慎核查，督导发行人规范运作。"

281. 保荐制度的主要内容有哪些？

答：证券发行上市保荐制度主要涵盖以下内容：公司发行证券及证券上市，必须由保荐人保荐，证监会、证券交易所只接收由保荐人保荐的发行上市申请文件。保荐人应当勤勉尽责，对发行上市申请人的申请文件和信息披露资料进行审慎核查，并对相关文件的真实性、准确性和完整性承担责任。保荐人对其所推荐的公司上市后的一段期间内负有持续督导义务。保荐人应当建立完备的内部控制和管理制度，使这些制度成为做好保荐工作的制度保障。

282. 什么是多层次资本市场？

答： 多层次资本市场是指根据企业在不同发展阶段的融资需求和融资特点，针对各种市场主体不同的、特定的需求，提供的具有不同内在逻辑次序、不同服务对象和不同内在特点的市场形式。

党的十九大指出，提高直接融资比重，促进多层次资本市场健康发展。目前，我国已基本建立起包含上海证券交易所的主板及科创板市场、深圳证券交易所的主板、中小板及创业板市场、全国中小企业股份转让系统（新三板）、区域股权交易市场、券商柜台市场、机构间私募产品报价与服务系统、私募基金市场等在内的多层次资本市场体系。

多层次资本市场是发挥市场在资源配置中的决定性作用的必然要求，是资本市场服务实体经济、推动经济转型升级和高质量发展的有力引擎，也是维护社会公平正义、增进人民福祉的重要手段。

283. 股票上市需要具备哪些条件？

答：《证券法》第四十七条规定，申请证券上市交易，应当符合证券交易所上市规则规定的上市条件。

证券交易所上市规则规定的上市条件，应当对发行人的经营年限、财务状况、最低公开发行比例和公司治理、诚信记录等提出要求。

284. 企业选择上市地应考虑哪些因素？

答：境内上市地包括上交所和深交所。首发企业应根据自身意愿，结合企业实际情况，在沪深市场之间自主选择上市地。企业应当在预先披露材料时确定上市地，并在招股说明书等申报文件中披露。

285. 企业发行上市需要聘请哪些中介机构？

答：企业发行上市需聘请保荐机构、律师事务所、会计师事务所等中介机构。

286. 什么是IPO募集资金？IPO募集资金可以用在哪些方面？

答：IPO募集资金是指股份公司首次向社会公众公开出售股份所获取的资金。IPO募集资金除可用于固定资产投资项目外，还可用于公司的一般用途，如补充流动资金、偿还银行贷款等。募集资金的数额和投资方向应当与发行人现有生产经营规模、财务状况、技术水平和管理能力、未来资本支出规划等相适应。

287. 发行人应如何加强对募集资金运用的信息披露？

答：募集资金用于固定资产投资项目的，发行人应按照"招股说明书准则"的要求披露项目的建设情况、市场前景及相关风险等。募集资金用于补充流动资金等一般用途的，发行人应在招股说明书中分析披露募集资金用于上述一般用途的合理性和必要性。其中，用于补充流动资金的，应结合公司行业特点、现有规模及成长性、资金周转速度等合理确定相应规模。用于偿还银行贷款的，应结合银行信贷及债权融资环境、公司偿债风险控制目标等说明偿还银行贷款后公司负债结构的合理性等。

初审过程中，发行人需调整募集资金用途的，应履行相应的法律程序。已通过发审会的，发行人原则上不得调整募集资金项目，但可根据募投项目实际投资情况、成本变化等因素合理调整募集资金的需求量，并可将部分募集资金用于公司一般用途，但需在招股说明书中说明调整的原因。

发行人应谨慎运用募集资金、注重投资者回报，并根据相关监管要求，加强募集资金运用的持续性信息披露。

288. 什么是发行上市尽职调查？保荐人尽职调查有哪些主要内容？

答：发行上市尽职调查是指中介机构对拟推荐公开发行并上市的公司（发行人）进行全面调查，充分了解发行人的经营情况及其面临的风险和问题，并有充分理由确信发行人符合《证券法》等法律法规及证监会规定的发行条件，以及确信发行人申请文件和公开发行募集文件真实、准确、完整的过程。

保荐人尽职调查主要调查以下内容：发行人基本情况、业务与技术、同业竞争与关联交易、高级管理人员、组织结构与内部控制、财务与会计、业务发展目标、募集资金运用、风险因素及其他重要事项。

289. 辅导包括哪些程序？如何对其工作效果进行评价？

答：辅导包括辅导备案、辅导期日常监管、辅导检查工作、持续监管等程序。对辅导机构辅导工作效果进行评价主要依据下列方面：辅导机构报送材料的及时性和完整性，辅导计划的落实情况，辅导工作底稿的完整性及底稿编制质量，辅导对象对辅导工作的评价意见，辅导对象规范运作情况，辅导对象的董事、监事、高级管理人员、持有5%以上股份的股东和实际控制人（或者其法定代表人）对证券市场知识和公司发行上市及规范运作等相关法律法规的掌握情况、信息披露和履行承诺等方面义务的认知情况、进入证券市场的诚信意识、自律意识和法律意识的树立情况等。

290. 发行人制作申请文件需要做好哪些准备工作？

答：发行人应检查是否符合法律法规要求的发行上市申请条件，梳理并完善工作底稿，对照《公开发行证券的公司信息披露内容与格式准则》要求，确保信息披露文件真实、准确、完整，不存在虚假记载、误导性陈述或重大遗漏。

291. 一般股票发行审核程序主要包括哪些？

答：首次公开发行股票的一般审核程序主要包括以下环节。

（1）受理和预披露。证监会办公厅受理处统一接收申请材料并转发行部，发行部在5个工作日内作出是否受理的决定，并由办公厅受理处将决定通知发行人。发行人申请受理后，确定非财务、财务审核员各1名，分别对申报材料进行独立审核。每周五，在证监会官网公开披露上周五至本周四新受理企业的招股说明书（申报稿）。

（2）反馈会。审核员对申请材料进行初审，形成初步审核报告。召开反馈会，对申报材料初步审核中发现的问题进行集体讨论。会后，根据讨论情况形成书面反馈意见，由办公厅受理处向保荐机构发出。

（3）预披露更新。保荐机构接收书面反馈意见后，应当最迟在3个月内报送书面回复意见。发行部根据反馈意见落实情况，在证监会官网公示书面反馈意见内容。

保荐机构应当在上述公示之日起30个工作日内报送上初审会材料。发行部履行内部签批程序后，在证监会官网公开披露上初审会材料中已更新的招股说明书。

（4）初审会。在保荐机构提交书面回复意见并预披露更新后，按程序安排初审会讨论。

（5）发审会。在发审会召开前5日，通过证监会官网发布发审委工作会议公告，公示参会委员、审核企业和具体时间。发审会后，通知企业开始履行封卷程序。

（6）封卷。保荐机构收到封卷通知后，应当尽快备齐审核过程中涉及的申请文件原件，按办公厅存档要求整理后交发行部存档。

（7）会后事项审核。在发审会通过后、获准上市前，中介机构应当对发行人是否发生可能影响本次发行上市的重大事项给予持续关注，并视情况提交核查报告，或者提交未发生重大会后事项的书面说明。收到保荐机构的核查报告或者书面说明后，发行部履行会后事项审核程序，对相关事项是否影响本次发行上市进行判断。

（8）核发批文。封卷并履行内部程序后，进行核准批文的印制和下发工作。

再融资的审核程序与首次公开发行股票类似，但不涉及预披露和预披露更新环节。

292. 什么是战略配售？什么情况下可向战略投资者配售？

答：（1）企业首次公开发行股票或发行存托凭证过程中，向战略投资者配售为战略配售。

企业首次公开发行股票并在主板、中小板及创业板上市，且首次公开发行股票数量在4亿股以上的，可以向战略投资者配售。《若干意见》认定的试点企业在境内发行股票或存托凭证的，根据需要向战略投资者配售。

战略投资者应不超过20名，战略投资者配售股票的总量不超过本次公开发行股票数量的30%。发行人应当与战略投资者事先签署配售协议；发行人和主承销商应当在发行公告中披露战略投资者的选择标准、向战略投资者配售的股票总量、占本次发行股票的比例以及持有期限等。发行人公告的战略投资者应为本次配售股票的实际持有人，资金来源应为自有资金。战略投资者不参与网下询价，且应当承诺获得本次配售的股票持有期限不少于12个月，持有期自本次公开发行的股票上市之日起计算。

（2）企业首次公开发行股票或发行存托凭证并在科创板上市的，可以向战略投资者配售。

293. 企业启动发行到上市大概需要多长时间？具体流程有哪些？

答：企业发行申请获得核准后，在核准批文有效期内，由发行人及主承销商自行选择发行时间窗口。科创板公司获同意注册后，可在同意注册决定的有效期内启动发行工作。

我国的证券发行包括公开发行和向特定对象非公开发行。公开发行流程包括：（1）发行人刊登"招股意向书"等发行相关公告。（2）主承销商与企业组织路演，向投资者推介和询价后确定发行价格并进行配售，企业首次公开发行股票并在主板、中小板及创业板上市的，符合首次公开发行股票数量在2000万股（含）以下且无老股转让计划条件的，可以通过直接定价的方式确定发行价格并进行配售。(3)获配投资者缴纳认购资金,主承销商确定最终配售结果和包销金额。(4)主承销商将募集资金划至发行人账户,会计师事务所出具验资报告。(5)发行人通过登记结算公司办理股份登记托管。(6)发行人向证券交易所申请股票上市。

非公开发行流程包括:(1)上市公司董事会决议确定具体发行对象的,上市公司按照相关决议和股份认购合同的约定发行股票。上市公司董事会决议未确定具体发行对象的,保荐人向符合条件的特定对象提供认购邀请书,在认购邀请书约定时间内收集投资者申购报价并确定发行对象、发行价格和发行股数。(2)发行结果确定后,上市公司与发行对象签订正式认购合同,发行对象按照合同约定缴款。(3)主承销商将募集资金划至发行人账户,会计师事务所出具验资报告。(4)上市公司通过登记结算公司办理股份登记托管。(5)上市公司向证券交易所申请股票上市等。

294. 哪些情况下发行人应中止发行?发行中止后能否重启?

答:根据《证券发行与承销管理办法》,发行人中止发行的情况包括:

(1)首次公开发行采用询价方式的,剔除最高报价部分后有效报价投资者数量不足的,应当中止发行。

(2)首次公开发行股票网下投资者申购数量低于网下初

始发行量的，应当中止发行。

（3）网下和网上投资者缴款认购的新股或可转换公司债券数量合计不足本次公开发行数量的70%的，可以中止发行。

（4）证监会发现证券发行承销过程涉嫌违法违规或存在异常情形的，可责令发行人和承销商暂停或中止发行。

（5）发行人和主承销商可以约定中止发行的其他具体情形并事先披露。

中止发行后，在核准文件有效期内，经向证监会备案，可重新启动发行。

《发行承销实施办法》《发行承销业务指引》规定，除上述中止情形外，科创板的中止情形还包括：

（1）发行人预计发行后总市值不满足其在招股说明书中明确选择的市值与财务指标上市标准的，应当中止发行。

（2）保荐机构相关子公司未按照规定及其所作出的承诺实施跟投的，应当中止发行。

（3）发行承销涉嫌违法违规或者存在异常情形的，上交所可以要求发行人和主承销商暂停或中止发行。

中止发行后，在证监会同意注册决定的有效期内，且满足会后事项监管要求的前提下，经向上交所备案，可重新启动发行。

295. 什么是发行失败？

答：股票发行采用代销方式，代销期限届满，向投资者出售的股票数量未达到拟公开发行股票数量70%的，为发行失败，发行人应当按照发行价并加算银行同期存款利息返还股票认购人。

向原股东配售股份，控股股东不履行认配股份的承诺，或者代销期限届满，原股东认购股票数量未达到拟配售数量70%的，发行人应当按照发行价并加算银行同期存款利息返还已经认购的股东。

296. 企业首次公开发行后如何申请在上交所上市？

答：企业首次公开发行股票的申请获得证监会核准发行后，应当及时向上交所提出股票上市申请，并提交下列文件。

（1）上市申请书。

（2）证监会核准其股票首次公开发行的文件。

（3）有关本次发行上市事宜的董事会和股东大会决议。

（4）营业执照复印件。

（5）公司章程。

（6）经具有执行证券、期货相关业务资格的会计师事务所审计的发行人最近3年的财务会计报告。

（7）首次公开发行结束后发行人全部股票已经中国结算上海分公司托管的证明文件。

（8）首次公开发行结束后，具有执行证券、期货相关业务资格的会计师事务所出具的验资报告。

（9）关于董事、监事和高级管理人员持有本公司股份的情况说明和"董事（监事、高级管理人员）声明及承诺书"。

（10）发行人拟聘任或者已聘任的董事会秘书的有关资料。

（11）首次公开发行后至上市前，按规定新增的财务资料和有关重大事项的说明（如适用）。

（12）首次公开发行前已发行股份持有人，自发行人股票上市之日起一年内持股锁定证明。

（13）控股股东和实际控制人关于首次公开发行前所持有股份锁定的承诺函。

（14）最近一次的招股说明书和经证监会审核的全套发行申报材料。

（15）按照有关规定编制的上市公告书。

（16）保荐协议和保荐人出具的上市保荐书。

（17）律师事务所出具的法律意见书。

（18）上交所要求的其他文件。

297. 上交所如何审核发行人的上市申请？

答：上交所设立上市委员会对上市申请进行审议，作出独立的专业判断并形成审核意见。上交所根据上市委员会的审核意见，作出是否同意上市的决定。上交所在收到发行人提交的上述第296问所列全部上市申请文件后7个交易日内，作出是否同意上市的决定并通知发行人。出现特殊情况时，上交所可以暂缓作出是否同意上市的决定。

298. 企业上市后应注意哪些问题？

答： 上市公司是中国科创企业的优秀代表，是我国经济发展动能的"转换器"，也是完善现代企业制度和履行社会责任的"先锋队"，提高自身质量是上市公司责无旁贷的重要使命。为此，企业上市后，应当着力从以下四个方面提高自身质量。

一是信息披露。上市公司应当依法依规进行信息披露，建立信息披露管理制度，及时、公平地披露信息，保证所披露信息的真实、准确、完整。科创公司和大股东要讲真话、做真账，提倡真和实，不搞虚和假，拒绝蒙和骗。

二是规范运作。上市公司应当建立规范的公司治理结构和健全的内部控制制度，完善股东大会、董事会、监事会议事规则和权力制衡机制，规范董事、监事、高级管理人员的行为及选聘任免。杜绝操纵业绩、操纵并购、利益输送等损害市场及企业自身利益的违法违规行为。

三是专注主业。上市公司应敬畏专业，突出主业，坚持正确的发展理念，扎根实体、练好内功、做精专业，争取做主业突出、业绩优良、核心竞争力强的优质投资标的。拒绝偏离主业、脱实向虚，杜绝编故事、炒概念等扰乱市场秩序的行为。

四是回报股东。上市公司应积极承担社会责任,尊重投资者特别是中小投资者,主动了解他们的诉求,持续优化投资者回报机制,做守底线、负责任、有担当、受尊敬的企业。

299. 上市公司应当在什么时间披露定期报告?

答:上市公司应当在每个会计年度结束之日起4个月内披露年度报告,在每个会计年度的上半年结束之日起2个月内披露半年度报告,在每个会计年度前3个月、9个月结束之日起1个月内披露季度报告。第一季度季度报告的披露时间不得早于上一年度年度报告的披露时间。

300. 交易所对上市公司的监管重点有哪些?

答:交易所主要是从信息披露角度对上市公司实施自律监管,重点有三个方面。

一是督促上市公司及其大股东、实际控制人真实、准确、完整、及时、公平地披露信息,展现给投资者一个真实的上市公司。

二是督促上市公司规范治理,严格防范主要股东通过各种手段侵害上市公司利益,维护中小股东在公司重大事务中的参与权、决策权。

三是督促为上市公司提供服务的中介机构合规履职,切实承担起"看门人"的职责。

后　记

　　本书由中国证监会设立科创板改革领导小组办公室主任李继尊牵头编写，办公室成员李钢、韩卓、张望军、皮六一、吴孝勇、曹勇、刘辅华、范中超、焦晓宁、李海军、黄明、刘铁斌、徐毅林、范宇同志参加编写。中国证监会市场监管一部王利、任少雄、王旭祥、郭青柏，招商证券仇健、宁博，中信建投证券张玉龙，上海证券报社马婧妤具体负责编写。中国证监会市场监管一部鹿新华、刘苏、栗嘉敏、陈代云、周莹盈，深改办赖朝晖、高苗苗、王瑞参与核校。中国金融出版社亓霞、贾真、任娟参与了编辑出版工作。

　　在此，向本书的编写人员及为编辑出版付出辛勤劳动的各位同志表示衷心感谢！

本书编写组

2020年7月